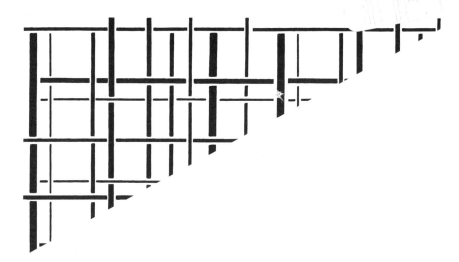

缅甸

国情报告
2015~2016

黄爱莲等 编著

经济管理出版社
ECONOMY & MANAGEMENT PUBLISHING HOUSE

图书在版编目（CIP）数据

缅甸国情报告（2015~2016）/黄爱莲等编著. —北京：经济管理出版社，2017. 11
ISBN 978-7-5096-5581-8

Ⅰ.①缅…　Ⅱ.①黄…　Ⅲ.①国情—研究报告—缅甸—2015-2016　Ⅳ.①D733.7

中国版本图书馆 CIP 数据核字（2017）第 314005 号

组稿编辑：曹　靖
责任编辑：张巧梅
责任印制：黄章平
责任校对：王淑卿

出版发行：经济管理出版社
　　　　　（北京市海淀区北蜂窝 8 号中雅大厦 A 座 11 层　100038）
网　　　址：www. E - mp. com. cn
电　　　话：（010）51915602
印　　　刷：北京晨旭印刷厂
经　　　销：新华书店
开　　　本：720mm×1000mm/16
印　　　张：12
字　　　数：195 千字
版　　　次：2018 年 8 月第 1 版　　2018 年 8 月第 1 次印刷
书　　　号：ISBN 978 - 7 - 5096 - 5581 - 8
定　　　价：58. 00 元

编 委 会

编委会主任：王玉主

副 主 任：梁淑红

成 员：缪慧星 顾 强 王玉洁 金 丹
岳桂宁 谭春枝 黄爱莲 毛 薇
何 政 刘亚萍 黄 瑛

序　言

　　东盟是东南亚地区十个国家之间的区域性合作组织。作为中国的近邻，东南亚各国在中国的周边外交中具有重要的地位，东盟也因此成为中国经营与东南亚各国合作关系的主要平台。自 1991 年以来，中国与东南亚国家之间的关系在东盟框架下取得重大进展，中国与东盟也从磋商伙伴一路发展到目前的全面战略合作伙伴。这期间，中国东盟自由贸易区建设成为中国东盟合作乃至东亚合作的重要事件，因为正是中国倡议建设的中国东盟自由贸易区开启了以东盟为中心的东亚合作新格局。在贸易投资方面，中国东盟互为对方重要的贸易伙伴和投资来源，经济相互依赖在良性互动的进程中不断深化。

　　2013 年中国提出"一带一路"合作倡议以来，东盟对中国的国际合作意义也发生了变化。习近平主席选择在印度尼西亚提出与东盟国家共同建设"21 世纪海上丝绸之路"倡议，充分显示了中国对进一步加深中国东盟关系、在合作中构建中国东盟命运共同体、造福地区民众的良好愿望。实际上，进入新世纪以来，为了深化双边关系，中国围绕与东盟国家的合作提出过一系列倡议和安排。总体而言，这些新的倡议对推动中国东盟合作发挥了助力作用。然而客观地讲，一些倡议的措施没能达到预期的效果。从深化双边合作，特别是面向 2030 目标建设中国东盟关系的需求出发，我们应进一步加强对东盟的研究：既要具体到国别，又能深入到领域。因为只有正确把握东盟国家面临的现实挑战和真实需求才能提出更具可操作性、效果更显著的深化双边关系的措施，并把中国东盟关系带向更高的层面，服务构筑和谐周边的目标，贡献人类命运共同体建设。

　　广西壮族自治区地处中国东盟合作前沿，自 2004 年中国东盟博览会落户南宁以来，广西在中国东盟合作中的地位日益提升。广西大学作为广西最重要的综合性大学，其下设的中国东盟研究院在中国东盟合作过程中不仅成为广西壮族自治区参与对东盟合作的重要智库，也在全国的东盟问题研究中逐渐获得认可。目前，中国东盟研究院下设的东盟十国国别研究所每年都围绕各自研究对象国收集整理大量的基础信息。以前期的资料收集和跟踪观察为基础，也是作为下一步密切跟踪对象国研究的第一步工作，我们组织各国别研究所编写了东盟十国的国情报告。报告参考了到目前为止国内外出版的相关国别研究成果，同时对各国新的发展做了力所能及的完善和更新。

同时，编著撰写东盟十国的国情报告对于仍在建设中的中国东盟研究院来说，确实是一项非常艰巨的任务，因此在整个项目进程中我们遇到了很多困难，呈现在同行面前的这十本书一定存在不少错漏之处，希望同行给予批评指正。

王玉主

2018 年 2 月

前　言

　　《缅甸国情报告（2015～2016）》为广西大学中国—东盟研究院缅甸研究所研究团队及国内同行领域的相关专家学者共同撰写，共分为八章，围绕缅甸2015～2016年的国情概况和热点问题进行动态跟踪和研究，对缅甸政治转型、经济走向和社会发展趋势、安全问题和外交事务现状、与东盟及中国的区域合作状况进行年度评估，对中缅关系发展提出具有前瞻性和针对性的政策建议，为社会和有关部门提供关于缅甸的全面而准确的资讯，并在促进中缅关系发展、推动区域合作等方面为政治决策提供理论支持。

　　第一章　缅甸概况。介绍缅甸的自然地理环境以及1948年缅甸独立以来的发展格局，全面综述2015～2016年缅甸的政治、经济、外交总体形势和状况。

　　第二章　政治。在借鉴缅甸1948年独立后经历的民主化进程，综述2014～2015年最重要的修宪和大选等重要事件的基础上，系统分析了缅甸政治转型和改革的进展状况，并对缅甸政治改革的走向进行评判。2015年依照宪法按时举行的大选，将缅甸民主化进程推进新的时期。民盟与军方之间的权力平衡和合作是缅甸政治是否能继续平稳发展的关键；在民族和解问题上民盟新政府的任务仍然十分艰巨；主体族群佛教徒和少数族裔穆斯林之间的宗教矛盾仍然是影响社会稳定的难题。在审视缅甸民盟政府、军方、民地武等政治势力之间关系的基础上，展望缅甸政治局势的走向：现实的执政压力将使民盟注重多方合作；军方仍将把控政治大局；缅北问题可能将进一步复杂化；国内公民社会及民主运动继续发展。对中国应对缅甸局势变化的对策建议：灵活开展与缅甸民盟政府的务实外交；维持与缅甸军方及巩发党的友好关系；创造性地介入缅甸民地武问题；拓展与缅甸其他党派与民间组织的交往。

第三章 经济。重点阐述 2015～2016 财年缅甸政府的经济改革政策、宏观经济形势、对外贸易的发展以及投资与援助状况，在此基础上对缅甸未来经济发展状况进行展望。缅甸未来的经济形势还是乐观的，其经济开放有望迎来新时代。中国作为缅甸第一大贸易伙伴，将继续对缅甸经济提速发展起到积极的带动作用。

第四章 安全。主要介绍和分析缅甸民地武问题与缅北安全、宗教极端主义与罗兴亚难民问题，以及当前缅北禁毒态势与挑战；缅北毒品问题与中国的边境和社会安全紧密相关，以及中国对中缅边境毒品问题的应对策略。

第五章 外交。剖析了缅甸外交政策的演变与特点、缅甸与日本及美国等西方国家的关系、缅甸与东盟及其成员国的关系，以及缅甸与印度及其他南亚国家的关系。随着缅甸政治转型的实现和推进，在坚持独立自主、维持与大国之间的正常关系、实现经济快速发展的利益诉求基础上，缅甸外交逐渐形成了以地区主义为核心、主动开放的多边主义和大国平衡策略。

第六章 区域合作。重点关注缅甸国家总体发展战略与区域合作诉求、缅甸与东盟共同体建设、缅甸与"孟中印缅"经济走廊、缅甸与澜沧江—湄公河合作机制、缅甸与"一带一路"倡议。

第七章 社会文化。主要介绍缅甸新闻传媒产业现状和缅甸华人社会与华文教育概况。政治转型的推进改变了缅甸新闻传媒产业的总体面貌，印刷媒体审查制度的取消使缅甸开始迈入媒体自由化的进程，媒体多元化趋势日益明显，政府也将加强对社交媒体的综合管理与利用，提升媒体从业者素养。在缅甸华人社会与华文教育方面，介绍了华人在缅甸的人口与分布、迁徙历史、与缅甸主流社会的关系，以及华文教育的主要特点，并分析在民盟时代下，华人将在缅甸经济发展、中缅交流等领域发挥重要作用，但同时缅甸反华势力对华人社会的挑战仍然存在。

第八章 中缅关系。着重分析民盟主导下的中缅关系走向、中缅经贸投资合作现状及挑战与机遇、中缅民间交流回顾与展望，在探讨缅甸总体局势对对外关系的影响的基础上，分析中缅关系的发展及中国政府对缅甸政治转型之后双边关系的调适，进而分析中国对缅甸民间交流的不足和缺陷，阐述民间交流在中缅关系中的重要性。

目　录

第一章　缅甸概况

第一节　缅甸基本国情概况

一、自然地理

缅甸位于亚洲东南部，中南半岛西部，介于西藏高原和马来半岛之间，面积为 676581 平方公里。缅甸地理位置优越，东南毗邻老挝和泰国，北部和东北部与中国西藏和云南交界，西北与印度和孟加拉国接壤，其中，中缅国境线长约 2185 公里；缅印、缅孟的国境线分别为 1462 公里和 72 公里；缅甸的西南部地区紧邻安达曼海和孟加拉湾，海岸线长约 3200 公里。从地图上看，缅甸国土从南到北长约 2090 公里，东西最宽处约 925 公里，北部主要为山区，南部主要为平原。该国的最高峰开卡博峰（Hkakabo Razi）位于克钦邦；三大主要河流为伊洛瓦底江、萨尔温江和锡当河。

缅甸大部分地区都在北回归线以南，是一个热带季风气候的国家，夏季炎热和潮湿，冬季温和而干燥。

缅甸自然条件优越，森林覆盖率高，占国土总面积的 50% 以上；自然资源十分丰富，东北部的帕敢山区是缅甸最大同时也是全球知名的玉石产地，每年吸引全国各地的人到废弃的矿坑、石堆中挖掘玉石。

二、民族

缅甸人口近5141.9万，民族众多。暂且不考虑存在争议的罗兴亚族，缅甸人口由135个民族构成。其中，缅族占总人口的比例达到2/3。此外，掸族、孟族、克伦族、佤族以及克钦族都是人口相对较多的少数民族。英国殖民时期，英国政府对缅甸采取了"分而治之"的措施，图谋将缅甸分裂成为几个国家。1947年2月，为了反对英国殖民政府的"分而治之"，缅族与主要的少数民族在彬龙会议上签署缅甸历史上具有历史意义的《彬龙协议》，为各个少数民族地区在国家政治中争取充分自治，为各少数民族地区的人民争取民主国家公民的各项权利。

1948年1月4日，缅甸成功脱离英联邦并宣布独立，但英政府殖民造成的分裂局面影响很大，一些少数民族武装在之后几十年中不断地与中央政府对抗。缅甸公开的民族武装有25支，而不常露面的民族武装组织有10多支，仅掸邦地区就有10多支民族武装经常活动。目前，政府军主要控制了掸邦的54个城市和部分道路，而掸邦军武装则控制着很多村庄、山区，这些地区时常会发生零星冲突。

缅甸各民族均有自己的语言，缅族、克伦族、掸族、克耶族和孟族等有本族文字。缅族人口众多，占比为65%，总计3000多万人。缅族主要聚居在伊洛瓦底江中游及三角洲地区。掸族人口约有420万，分布较广，聚居在掸邦境内的占62%。国语为缅甸语，英语也可通用。

缅甸一些民族与中国的少数民族同源。掸族属于汉藏语系壮侗语族壮傣语支，与中国的傣族同源，同为远古百越民族的后裔。克伦族人口有350多万，主要分布于克伦邦和克耶邦，属于汉藏语系藏缅语族克伦语支，与缅族同一族源，都是中国的羌族分支南迁入缅甸，时间上早于缅族。若开族又称阿拉干族，人口约260万，属于汉藏语系藏缅语族，属何种语支至今仍有争议。若开族聚居在靠近孟加拉湾的若开邦沿海地区，其文化明显带有孟加拉水手和印度水手特征。孟族为蒙古人种，属于南亚语系孟高棉语族孟语支，人口约有150万。孟族人一直生活在南部的毛淡棉和勃固一带，这些地区很早就盛行佛教，成为小乘佛教的中心地，并影响到缅甸各地。克钦族跨居缅、中、印三国，在中国境内叫景颇族，属汉藏语系藏缅语族景颇语支。钦族跨居缅、印、孟三国，在缅甸的人口约有 112 万，大部分聚居在丛林密布的西部山地钦山山脉一带。钦族属于汉藏语系藏缅语族钦语支，是随藏缅语族南迁、较早进入缅甸的民族之一。克耶族人口约有 20 万，主要居住在克耶邦和克伦邦，属于汉藏语系藏缅族克耶语支。克耶族的体质特征和克伦族很接近。高族人口约有 7 万，分布在掸邦东部的景栋一带，属于汉藏语系藏缅语族彝语支。高族在中国叫哈尼族，在老挝国丰沙里省叫卡戈族，在泰国清莱、清迈府叫阿卡族。

缅甸还有其他的外来民族居住，主要是印度人、巴基斯坦人和华人。华人在缅甸被称为果敢族。[①] 老一辈华人基本能讲中文。

三、宗教问题

缅甸是一个多宗教的国家，信仰的宗教主要有佛教、原始拜物教和神灵崇拜、伊斯兰教、印度教和基督教，其中影响最为广泛的是佛教。缅甸的佛教属上座部佛教，俗称小乘佛教，是缅甸的国教。缅甸共有 5200 多座教堂，3100 多个清真寺，1000 多个印度教神庙。

缅甸宗教势力冲突不断，尤其是信奉伊斯兰教的罗兴亚族人与当地佛教徒经常发生恶性暴力事件。各宗教发生冲突的根源是公民权利的确认问题。缅甸伊斯兰教与佛教之间的各种冲突问题受到复杂的历史和现实因素的影响。缅甸大部分人都认为罗兴亚人是在英国殖民统治时期，自孟加拉国非法移民到缅甸的。因此，罗兴亚人被排除在普通公民、准公民、归化公民三种类别之外，长期处于压迫之中，无法充分享有缅甸公民权利。

第二节 缅甸独立后的发展简史

缅甸历史悠久，1044 年统一国家后，经历了蒲甘、东吁和贡榜三个封建王

---

① 缅甸旅游［EB/OL］. 缅甸民族，http：//www.3etravel.com/myanmarnation.html，2015 – 01 – 16.

朝。1824～1885 年，英国对缅甸先后发动了 3 次侵略战争。最终，英国占领缅甸，将缅甸变成自己的殖民地，并于 1886 年将缅甸划为英属印度的一个省。51 年后，缅甸脱离英属印度，直接受英国统治。5 年后，日军占领了缅甸。1945 年缅甸发起全国总起义，得到光复。随后英国又重新控制了缅甸。1947 年 10 月英国被迫公布缅甸独立法案。1948 年，缅甸彻底脱离英联邦的统治，并于 1 月 4 日宣布独立，正式建立缅甸联邦。

缅甸独立后，执掌政权的是"反法西斯人民自由同盟"，执政时间为 1948～1962 年，也被称为吴努执政时期，这一时期实行西方式议会民主制。但是，反法西斯人民自由同盟各个派系纷争不断，无法达成共识，与此同时，缅甸军人的势力不断增强。1962 年，军事将领奈温发动政变，成立以军队统治的政府，缅甸进入军政府时期。以奈温为首的军政府执政以后，缅甸走上了"缅甸式社会主义道路"，缅甸社会主义纲领党（以下简称"纲领党"）成为缅甸国内唯一的政党。这一时期，经济上实行国有化运动，缅甸经济发展遭受重创，导致 1988 年爆发全国性大规模的抗议示威，纲领党政府垮台，时任国防部长苏貌采取强硬手段维护社会稳定。1992 年，丹瑞上台，缅甸军政府在各政党纷争中占据绝对优势，国内局势逐渐稳定。2003 年 8 月，军政府宣布了七条民主政治路线图，这七条民主路线旨在实现民族和解、推进民主进程的发展。2008 年 5 月，缅甸进行宪法公投，以 92.4% 的支持率通过了新宪法。但是这次投票的背后有很多受胁迫和不公正性的因素存在，因此受到很多人的批评。2010 年 11 月 7 日，缅甸举行全国大选，这次大选是缅甸 20 年来首次全国范围的大选。最终，军方支持的联邦巩固与发展党（以下简称"巩发党"）赢得了国会两院的大多数席位。2011 年 3 月 30 日，总统吴登盛、两位副总统及新政府内阁成员宣誓就职，军政府执政国家最高权力机关，"缅甸联邦国家和平发展委员会"（和发委）正式解散。就此，缅甸实现了军政府向民选政府的过渡，完成了七条路线图计划。在吴登盛执政期间，为了把缅甸建设成一个现代、发达和民主的国家，缅甸各部进行了一系列的改革措施。最引人注目的是缅甸政府与昂山素季所领导的缅甸全国民主联盟（民盟）实现了政治和解：缅甸政府于 2010 年 11 月 13 日解除了对昂山素季的软禁。2015 年 11 月 11 日，民盟在缅甸大选中取得压倒性的胜利。但是，缅甸现行宪法规定，如果参选人的直系亲属持外国国籍，将不得参与缅甸国家领导人职位的竞选。昂山素季的两个儿子均是英国国籍，因此昂山素季没有资格竞选缅甸国家领导人。2016 年 3 月 15 日，民盟的吴廷觉成为新总统。吴廷觉是昂山素季最信任的少数人之一，民盟也从立法入手使昂山素季担任国家顾问，成为缅甸实际的掌舵人。

第二章 政 治

第一节 政治概况

一、民族冲突问题与缅甸和平进程的发展

缅甸被认为是亚洲少数民族最多且深受种族冲突困扰的国家之一。缅甸境内的 135 个民族至今也没有完全实现和解，不同地区不同的武装组织之间时有冲突爆发。2015～2016 年，缅甸民族武装之间亦频繁发生战争。

2015～2016 年，缅甸的和平问题一直备受关注。2015 年吴登盛政府、2016 年昂山素季政府以及一些追求推动和平进程的组织，纷纷采取措施来应对频繁的武装组织。2015 年 5 月 3 日，政府在佤邦首府邦康举行各民族组织领导人参加的民族武装峰会。邦康峰会邀请了 12 支民族武装组织参加，并未邀请若开解放党及若开民族委员会。并且，在邦康峰会召开期间，政府军在果敢地区对同盟军驻地发动了猛烈炮击。① 因此，有舆论认为邦康峰会并不是真正的全国范围的民族武装组织峰会。德昂民族解放军、若开军、果敢同盟军三方表示，继续留在全国

---

① 各民族革命武装组织领导人邦康峰会公报 ［EB/OL］. 缅甸中文网，http：//www. md - zw. com/fo-rum. php？mod = viewthread&tid = 156923&extra = page% 3D18% 26filter% 3Dtypeid% 26typeid% 3D55，2015 - 05 - 07.

停火协调委员会没有实质意义，因此准备退出。①

2015 年 10 月 15 日，缅甸政府与八大少数民族武装团体签署了一份全国停火协议。实际上，在整个全国停火协议的谈判中，共有 15 个代表性的民族武装组织参加，但最终政府仅与其中 8 个团体签署所谓的"全国"停火协议（NCA），近年战火频繁的掸邦北部武装部队以及克钦独立军并没有参加停火协议的签订。② 然而，两个半月之后，军方与参与签署协议的南掸邦军 RCSS 开始爆发激烈冲突。③

2016 年 1 月 12 日，为了继续推动和平进程的发展，缅甸依次召开了联邦和平代表大会和联邦和平政治协商会议。联邦和平代表大会的召开揭开了缅甸首轮全国和平政治对话的帷幕，是内战近 70 年的缅甸所取得的历史性进展，但是参会人员并没有达成协议。④ 昂山素季领导的民盟大选获胜后，也不断致力于解决民族冲突问题，推动和平进程的发展。2016 年 8 月 31 日召开的"21 世纪彬龙会议"是民盟政府倡导的民族和解的新开端，是缅甸和平进程的新阶段。"21 世纪彬龙会议"不是一次性会议，而将是一个持续进程，可能每 6 个月召开一次，直至全国实现和平。⑤

总体来说，缅甸民族冲突问题的关键在于缅甸各民族能否达到真正平等，资源能否实现真正的合理分配。只要这两个问题没有得到实质性的解决，缅北的武装冲突无法真正平息，缅甸离真正的和平仍有距离。

---

① 各民族革命武装组织领导人邦康峰会公报［EB/OL］. 缅甸中文网，http：//www. md – zw. com/forum. php? mod = viewthread&tid = 156923&extra = page% 3D18% 26filter% 3Dtypeid% 26typeid% 3D55，2015 – 05 – 07.

② 缅甸停火协议签署：8 民族武装签字 昂山素季缺席［EB/OL］. 缅甸中文网，http：//www. md-zw. com/forum. php? mod = viewthread&tid = 177522&extra = page% 3D8% 26filter% 3Dtypeid% 26typeid% 3D55，2015 – 10 – 15.

③ 签署 NCA 仅两个半月 军方再与南掸邦军发生战事［EB/OL］. 缅甸中文网，http：//www. md – zw. com/forum. php? mod = viewthread&tid = 205792&extra = page% 3D7% 26filter% 3Dtypeid% 26typeid% 3D55，2016 – 01 – 04.

④ 持续内战 70 年后 缅甸昨启动首轮全国和平谈话［EB/OL］. 缅华网，http：//www. mhwmm. com/Ch/NewsView. asp? ID = 14630，2016 – 01 – 14.

⑤ 21 世纪彬龙会议 缅甸开启新选择［EB/OL］. 缅华网，http：//www. mhwmm. com/Ch/NewsView. asp? ID = 18136，2016 – 08 – 30.

二、缅甸大选，和平交接

2015 年 11 月 8 日，2015 年度缅甸全国大选正式开始。昂山素季领导的全国民主联盟获得缅甸联邦议会过半议席，最终赢得大选。本次大选是缅甸 25 年来首次公开竞争的全国性民主选举，开启了缅甸新的历史篇章。

这次大选是 1948 年缅甸独立以来国际上关注程度最高的一场民意检验。2015 年 3 月 12 日，美国驻缅甸大使馆表示，美国将为这次大选提供 1800 万美元的资金援助，帮助缅甸政府开展全民参与的、公正的、透明的大选。澳大利亚、丹麦、欧盟、挪威、瑞士、英国、日本和中国先后向缅甸政府表达了对这次大选的支持。在选举当天，不仅有国际观察员临场观察，东盟国家也受邀派遣代表团莅临督察。日本派监督团支持缅甸大选实现"自由且公正"，① 欧盟派遣 30 人组成的监察团与在缅甸的主要团体合作，长时间地监察缅甸大选。②

民盟大选获胜之后，迫于形势，吴登盛、敏昂兰于 2015 年 12 月 2 日与昂山素季进行会谈，称其会平稳地完成交接工作。2016 年 2 月 3 日，正式获得执政权的民盟主导召开缅甸新一届（第二届）议会的第一次常务会议。③ 在新一届议会上，民盟的吴温敏当选人民院议长，联邦巩固与发展党（巩发党）的吴迪昆妙任人民院副议长。2016 年 2 月 17 日，缅甸议会成立了三个事务委员会，分别是民族事务暨缔造国内和平委员会、农民和工人暨青年事务委员会、国际交流协会。④ 次日，又成立三个联邦级委员会，分别为银行暨金融发展委员会、农业畜牧业暨农村发展委员会、提高教育委员会。⑤ 2016 年 3 月 15 日，缅甸议会投票表决选出民盟的吴廷觉为缅甸新总统，吴敏瑞（军方代表）、吴亨利班提育（民

---

① 日本将派监督团　支持缅甸大选"自由且公正"［EB/OL］. 缅华网，http：//www. mhwmm. com/Ch/NewsView. asp？ ID＝12856，2015－09－10.

② 欧盟将派百人团队监察缅甸大选［EB/OL］. 缅甸中文网，http：//www. md－zw. com/thread－177396－1－1. html，2015－10－13.

③ 缅甸首届民选权力机构今日开始运转［EB/OL］. 缅甸中文网，http：//www. md－zw. com/thread－209729－1－1. html，2016－02－03.

④ 缅甸人民议会成立三个事务委员会［EB/OL］. 缅华网，http：//www. mhwmm. com/Ch/NewsView. asp？ ID＝15039，2016－02－17.

⑤ 第二届人民议会设立联邦级三个委员会［EB/OL］. 缅华网，http：//www. mhwmm. com/Ch/NewsView. asp？ ID＝15060，2016－02－19.

盟代表）分别当选第一、第二副总统。2016 年 3 月 17 日，吴廷觉政府将原来的 36 个部门缩减为 21 个部门，分别为外交部，农牧水利部，交通与通讯部，文化与宗教部，资源与环境保护部，电力与能源部，劳工、移民与人口部，计划与财政部，工业部，卫生部，教育部，建设部，社会福利与救济安置部，酒店与旅游部，商务部，宣传部，民族事务部，总统府部，国防部，内政部，边境事务部。① 当日，缅甸联邦议会办公厅发布通告，任命民盟主席昂山素季为议会发展联合协商委员会主席。② 民盟撤销了民盟之前成立的 12 个委员会并批准组成了新一届联邦选举委员会和新一届联邦宪法法院。③ 备受瞩目的缅甸政治领袖昂山素季则在新政府中出任外交、教育、电力和能源以及总统办公室主任四个部长级职位。至此，2015 年 11 月大选以来为期 144 天的过渡期正式结束。④

过渡期结束后，2016 年 3 月 30 日，吴廷觉政府成立"国家安全委员会"，委任成员如表 2 - 1 所示⑤：

表 2 - 1　国家安全委员会成员

职位	姓名
总统	吴廷觉
副总统	吴敏瑞
副总统	吴亨利班提育
人民议会议长	吴温敏
民族议会议长	曼温凯丹
国防军总参谋长	敏昂兰

---

① 缅甸政府 36 部改为 21 部［EB/OL］. 缅甸在线，http：//www. mhwmm. com/Ch/NewsView. asp？ID = 15366，2016 - 03 - 17.

② 昂山素季获任缅甸议会协商委员会主席［EB/OL］. 缅华网，http：//www. mhwmm. com/Ch/NewsView. asp？ID = 15371，2016 - 03 - 18.

③ 缅甸议会批准组成联邦选举委员会和宪法法院［EB/OL］. 缅华网，http：//www. mhwmm. com/Ch/NewsView. asp？ID = 15517，2016 - 03 - 28.

④ 缅甸新总统宣誓就职　昂山素季身兼 4 职［EB/OL］. 缅华网，http：//www. mhwmm. com/Ch/NewsView. asp？ID = 15548，2016 - 03 - 30.

⑤ 缅甸成立"国家安全委员会"［EB/OL］. 缅华网，http：//www. md - zw. com/thread - 216147 - 1 - 1. html，2016 - 04 - 01.

续表

职位	姓名
国防军副总参谋长	梭温准
联邦外交部部长	昂山素季
联邦内政部部长	觉瑞
联邦国防部部长	盛温
联邦边境事务部部长	耶昂

2016年3月30日，吴廷觉政府组建联邦政府内阁，内阁名单如表2-2所示：①

表2-2 联邦政府内阁成员

职务	姓名	职务	姓名
总统	吴廷觉	农业、畜牧与灌溉部部长	昂都
副总统	吴敏瑞	交通与通讯部部长	吴丹盛貌
副总统	吴亨利班提育	自然资源与环境保护部部长	吴翁温
外交部部长	昂山素季	劳工、移民与人口部部长	吴登瑞
总统府部长		工业部部长	吴钦貌秋
电力与能源部部长		商务部部长	丹敏
教育部部长		卫生部部长	敏推
内政部部长	觉瑞	计划与财政部部长	吴觉温
国防部部长	盛温	建设部部长	吴温楷
边境事务部部长	耶昂	社会福利与救济安置部部长	温妙埃
宣传部部长	培敏	酒店与旅游部部长	吴翁貌
文化与宗教事务部部长	吴昂哥	少数民族事务部部长	奈代伦

---

① 缅甸公布联邦政府内阁名单［EB/OL］．缅华网，http：//www.mhwmm.com/Ch/NewsView.asp？ID＝15572，2016-04-01.

第二节　2015 年缅甸大选与修宪问题

2015～2016 年，缅甸政坛最引人瞩目的事件便是 2015 年缅甸大选。此次大选是 2011 年缅甸宣布加快政治转型后的首次大选，在举行时间上又严格符合宪法规定，加之几十年来备受关注的昂山素季和民盟党派的参选，使得本次大选备受瞩目。2016 年 3 月 30 日，吴廷觉领导新内阁宣誓就职，昂山素季出任总统府部长、外长、国务资政等职，标志着民盟从在野 28 年的政党成为执政党，缅甸军人直接或间接连续执政 54 年的历史暂告结束，缅甸掀开了新的历史篇章。

一、缅甸修宪及民主化进程

（一）20 世纪以来缅甸民主发展进程的四次转折

1948 年，缅甸脱离英联邦统治，宣布独立，成立缅甸联邦。之后至 20 世纪 90 年代初，缅甸政治现代化和民主发展的尝试经历了四个时期。

1. 议会民主制时期（1948 年 1 月至 1962 年 3 月）

缅甸独立后，"反法西斯人民自由同盟"（AFPFL）主席吴努出任总理，政府施行议会民主制。但议会民主制的推行并不顺利，吴努政府奉佛教为国教，对国家分裂主义持容忍态度等举措使得国内阶级矛盾和民族矛盾日益突出，工人罢工、少数民族地方武装组织活跃、执政党内部分化。1962 年，缅甸军人发动政变，推翻了 1960 年大选中再次执政的吴努政府。[1] 由此可见，议会民主制最终未能推动缅甸从殖民地转变成为一个政治稳定、经济发展与民族和谐的现代化国家。究其原因主要是议会民主制超越了缅甸当时刚刚摆脱长达一个世纪的殖民统治且又饱受"二战"摧残的严峻国情，其经济、社会发展十分落后且畸形，不具备建立议会民主制的基本条件；此外，吴努政府软弱低效，国内阶段矛盾尖锐、民族冲突频发，使得缅甸国内缺乏议会民主制建立所需的制度和文化基础。[2]

①② 贺圣达、李晨阳. 缅甸［M］. 北京：社会科学文献出版社，2009：147－153.

2. 奈温军人统治时期（1962年3月至1988年9月）

奈温将军于1962年发动政变，创建缅甸社会主义纲领党（以下简称"纲领党"，BSPP），废除联邦制度，进行经济国有化，施行一党制和"革命委员会"的军人统治，宣称在缅甸建设社会主义，开始了长达26年的军政府统治。但军政府统治期间，国门闭锁、腐败丛生、粮食短缺、经济发展缓慢，激发了大范围的民众反对运动。1988年，随着奈温的辞职，缅甸军人统治时期宣告结束。奈温军人统治的失败主要归结于军人不谙治国之道、盛行孤立主义、体制僵化，以及无法从少数民族武装斗争中抽身出来发展经济这两方面原因。在实行一党制和军人统治期间，缅甸沦为世界上最贫穷的国家之列。

3. 军政府统治时期（1988年9月至2011年3月）

1988年9月，苏貌将军（Saw Maung）发动政变，接管政权，成立"国家恢复法律与秩序委员会"（State Law and Order Restoration Council，Slorc，以下简称"恢委会"），施行更为严峻的军人统治。同年，昂山素季等人领导成立了"全国民主联盟"（National League for Democracy，NLD，以下简称"民盟"），发起了反对军人政府的民主斗争。为安抚民心，军政府于1990年举行大选，但其结果却为昂山素季领导的"反对党"民盟取得压倒性的胜利，赢得485个议席中的392个，而亲政府的"民族团结党"（National Unity Party）仅获得10个议席。这使得军政府拒绝接受大选结果，提出"先制宪，后交权"，并没有将权力移交给在大选中获胜的民盟，民盟与军政府间矛盾不断激化①。分析此次政治转型全貌可以看出，是由于该时期民盟迅速崛起，新军政府统治大失民心、低估新兴民主势力，双方势力对决前景堪忧，最终导致军方不敢轻易交权，政治转型失败。

4. 吴登盛新政府时期（2011年3月至2016年3月）

2010年大选，缅甸实现了从军政府向民选政府的过渡。缅甸2010年11月7日举行了20年来的首次大选，军方及其政党最终赢得大选。依据2008年5月全民公决通过的新宪法，国防军总司令直接任命现役军人代表（不经选举）占据1/4的联邦及省、邦各级议会议席。此次大选开启了缅甸新的转型进程：一是大选后建立较为完善的多元化、机制化的政治权力架构，政治运行有强有力的宪法

---

① 贺圣达，李晨阳. 缅甸［M］. 北京：社会科学文献出版社，2009：161－163.

和制度作为保障；二是民选的新权力体系的形象比先前的军政府好，有利于其内外执政，军人主导的政治转型基本获得国内外认可；三是缅甸自此结束了军政府统治，联邦巩固与发展党（Union Solidarity and Development，以下简称"巩发党"）进行了一系列政治、经济等领域的改革措施。

从上述整个历程可以看出，虽然缅甸独立以来民主化进程经历了四个阶段，采取了众多举措，但并没有改变军人在政局中独大的局面，民主化进程发展相对缓慢。

（二）修宪

赢得 2015 年大选和担任缅甸总统是昂山素季一直以来的政治目标，但由于受到 2008 年缅甸宪法中竞选缅甸总统者本人及其家人不得是外国公民的限制，使得昂山素季不具备竞选总统的基本资格。对此，昂山素季曾多次表示希望与军方协商修宪问题，以保证改革的顺利进行。因此，是否修宪成为 2015 年大选的焦点之一。

1. 修宪问题提上日程

自 2013 年 3 月 15 日，缅甸议会通过重审宪法的提案后，执政党巩发党和联邦议会采取成立宪法评估联合委员会等举措，推动对 2008 年宪法的修正，并采纳了反对党的一部分意见。2014 年 10 月 31 日，吴登盛总统还与昂山素季等一批反对党领导人和少数民族领袖进行会谈，磋商修宪和大选的相关问题。

2. 寻求内外支持

2014 年，昂山素季先后出访德国、法国、美国等，以期获得国际社会对其修宪运动的支持，为其本人及民盟争取在 2015 年大选中"公平竞争"的机会。此外，在缅甸国内，昂山素季也多次强调民主改革和修改宪法是民盟不会动摇的方针。虽然昂山素季奔走游说、寻求国内外支持，但其频繁接触西方领导人的行为却引发了军方的不信任，使得大选前修宪的可能性更加渺茫。

3. 修宪议案未获通过

2015 年 2 月，缅甸总统吴登盛签署颁布了《为了通过 2008 年宪法修正案举行全民公投的法案》，批准在 2015 年举行全民公投，以决定是否修改现有的 2008 年宪法；4 月，吴登盛总统与民盟主席昂山素季等缅甸政界、军界政要举行"六方会谈"，商谈缅甸修宪和大选等事宜；6 月，联邦议会就 2008 年宪法第三章第

59 条有关总统本人及家人不得是外国公民的规定修正案进行投票，结果是：出席参加投票的 583 位议员中，371 票支持修改，212 票表示反对，支持率未达 2/3，修宪议案没有通过，民盟主席昂山素季失去担任总统的资格。①

二、缅甸 2015 年大选

2015 年，缅甸大选是代表军方势力的巩发党、代表昂山素季的民盟和"民地武"三方势力的角逐。

（一）大选备选及进程

1. 大选准备工作

作为大选的负责机构，缅甸联邦选举委员会于 2015 年 3 月颁布缅甸大选的国内观察员行为准则，并于 7 月宣布大选开始时间为 11 月 8 日，之后组织议员候选人参选报名和进行资格审查。民盟方面，2015 年 3 月曾组织除民盟外的 19 个政党在仰光进行会谈，其后 7 月举行党务干部会议进行党内动员工作，最终确定了 1133 人竞选各级议会议员。巩发党方面，7 月 29 日宣布提名 149 人为国会候选人。据缅甸联邦委员会 9 月 13 日公布的最终审查结果显示，共有 6093 人取得了 2015 年大选候选人资格。②

2. 大选过程

2015 年 11 月 8 日，缅甸大选如期举行，国内选区分为 1171 个，其中克钦邦、克伦邦、孟邦、掸邦、勃固五个省邦的部分镇区，受条件限制无法进行公正、自由的选举活动故而取消。本次大选在黄色等级安全措施的保障下进行，共有国内外 1.1 万名观察员在场见证，全国 3350 万名左右的合法选民对 91 个政党候选人以及独立候选人在内的共 6038 人竞选各级议会的 1100 多个议席进行投票选举。海外投票活动，自日本东京开始，10 月 17 日东京的缅甸大使馆首先接受海外投票。③

2015 年 11 月 13 日，缅甸大选结果公布：昂山素季领导的民盟强势统领缅甸联邦议会的人民院和民族院两院，获得 348 个席位，超过联邦议会总议席的半数

---

① 宋清润．2010 年缅甸大选对国家政治转型的影响［J］．中国国际战略评论，2011：218－219.
② 钟梅，秦羽．缅甸：2015 年回顾与 2016 年展望［J］．东南亚纵横，2016（1）：19－21.
③ 缅甸《十一新闻》日报．

以上，依法获得单独组建新政府的权力，计划推出两名总统候选人。11 月 20 日，缅甸联邦选举委员会公布了最后计票结果：在人民院 311 个议席中民盟赢得了 255 个席位，巩发党获得 30 个席位；民族院 168 个议席中民盟赢得了 135 个席位，巩发党赢得了 11 个席位。两院合计民盟获得 390 个席位，占总席位的 79.4%；巩发党获得 41 个席位，占总席位的 8.4%；若开民族党获得 22 个席位，掸邦民族（虎头党）民主党获得 15 个席位，德昂（崩龙）民主党获得 5 个席位。如将军方议席包括在内，民盟获得全部席位的 59%，而巩发党只有 6%。①

3. 少数民族政党表现欠佳

在本次大选中，少数民族政党的惨败有些令人出乎意料，与 2010 年大选结果大相径庭，许多少数民族政党连一席之地都没有获得。如在 2010 年大选中拥有良好表现的全孟邦区域民主党（AMRDP）、钦进步党（CPP）、钦民族党（现在的钦民族民主党，CNDP）、波隆—索奥民主党（PSDP）、掸邦民族民主党（SNDP）等，在本次大选中几乎未获得议会席位。②

表 2-3 显示了本次选举国家议会两院的议席占比状况，据统计，少数民族党派在国家议会中仅获得 56 个议席，占 11%，相比 2010 年或 1990 年大选势头减弱。

表 2-3　国家议会各当选政党及其议席占比

政党	人民院/下院	民族院/上院	总数	占比（%）
全国民主联盟（NLD）	255	135	390	79.4
巩固与发展党（USDP）	30	11	41	8.4
若开民族党（ANP）	12	10	22	4.5
掸邦民族民主联盟（SNLD）	12	3	15	3.1
德昂（崩龙）民族党（TNP）	3	2	5	1.0
勃欧民族组织（PNO）	3	1	4	0.8
佐米民主联盟（ZCD）	2	2	4	0.8

① 宋清润. 缅甸大选后局势分析［J］. 国际研究参考，2016（5）：37-41，46.
② 缅甸 2015 年大选　族群政治何去何从？［J］. 南洋资料译丛，2016（1）：40-44.

政党	人民院/下院	民族院/上院	总数	占比（%）
傈僳民族发展党（LNDP）	2	0	2	0.4
克钦民主党（KSDP）	1	0	1	0.2
果敢民主与团结党（KDUP）	1	0	1	0.2
孟邦民族党（MNP）	0	1	1	0.2
民族团结党（NUP）	0	1	1	0.2
佤民主党（WDP）	1	0	1	0.2
独立候选人	1	2	3	0.6
合计	311	168	491	

注：除此之外，军人议席占到总议席的25%，其中人民院110个议席，民族院56个议席。

表2-4为少数民族政党历年参选情况对比，实际上，2015年参选的政党更多，共有55个，但赢得议席的只占参选政党的18%。

表2-4　少数民族政党历年参选情况

	1990年	2010年	2015年
参选少数民族政党	45	24	55
胜选少数民族政党	19（占参选党42%）	13（占参选党54%）	10（占参选党18%）
赢得议席占比	14%	15%	11%

如表2-5所示，在少数民族政党所在的7个邦议会中，民盟或者说事实上控制了7个邦中的5个；唯一取得不错成绩的是若开民族党（ANP）；[1] 掸民族民主联盟（SNLD）在掸邦议会表现失常，比巩发党获得的议席还要少，只比民盟多2席。

[1]　民盟议员以40%选票率赢得了穆南第二选区议席，巩发党赢得了33%，若干党只获得23%。

表 2-5　7 个邦议会（按照比例展现）

钦邦议会			
民盟	12	50%	
军方	6	25%	
其他	6	25%	巩发党 4 席；ZCD 2 席
克钦邦议会			
民盟	26	49.1%	
军方	13	24.5%	
其他	14	26.4%	巩发党 7 席；KSDP 3 席；傈僳 NDP 党 2 席；SNLD 1 席；UDPKS 1 席
克耶邦议会			
民盟	11	55%	
军方	5	25%	
巩发党	4	20%	
克伦邦议会			
民盟	13	56.5%	
军方	6	26.1%	
其他	4	17.4%	巩发党 3 席；KPP 1 席
孟邦议会			
民盟	19	61.3%	
军方	8	25.8%	
其他	4	12.9%	MNP 2 席；巩发党 1 席；AMRDDP 1 席
若开邦议会			
ANP	23	48.9%	
军方	12	25.5%	
民盟	9	19.1%	
巩发党	3	6.4%	
掸邦议会			
军方	39	27.5%	

掸邦议会			
巩发党	33	23.2%	
SNLD	25	17.6%	
民盟	33	16.2%	
其他	22	15.5%	TNP 7 席；PNO 6 席；拉祜 NDP 2 席；WDP 2 席；阿卡 NDP 1 席；傈僳 NDP 1 席；SNDP 1 席；WNUP 1 席；独立候选人 1 席

其他表现不错的少数民族政党，在他们对应的小地理区域内代表当地民族选民，使得选票更为集中，主要在各自治地区，详见表2-6。

表2-6 少数民族自治地区的选举结果

达努（Danu）	民盟 2 席；巩发党 2 席
果敢（Kokang）	巩发党 4 席
勃欧（Pao）	PNO 6 席
德昂（Ta'ang）	TNP 4 席
佤（Wa）	WDP 2 席；拉祜 NDP 1 席；WNUP 1 席（有 8 席取消）
纳加（Naga）	民盟 5 席；巩发党 1 席

除了少数民族地区和自治区，还有第三类代表民族团体的选举架构，也就是所谓"国家种族"或"民族事务部"部长们。这些额外的、非地理区域型的省/邦选区是根据《宪法》第一百六十一条成立的，按照该项规定，少数民族人口在每个省或者邦超过51500人即有权利选出一名区域议会代表，不过要保证他们既不是该省邦主要少数民族，也没有在该省邦建立既有的自治区/县（这些席位已经包含在表2-5的数据中）。

需要注意的是，除了投票者需要来自特定族群外，代表该群体参选的候选人们并不需要来自这个族群，原则就是少数民族选民们有权选择任何他们希望可以代表他们的人。除了履行立法职责，这些民族代表自动接任其在省邦政府中涉及该族群事务的前任当选委员。在2010年大选中这样的席位有29个，而由于缺乏任何少数民族的更新数据，选举委员会在2015年也同样分派了29个席位，这29

个席位见表2-7。

表2-7 民族事务部议席

伊洛瓦底省			孟邦		
1	克伦	民盟	15	克伦	民盟
2	若开	民盟	16	勃欧	民盟
勃固省			若开邦		
3	克伦	民盟	17	钦	民盟
克钦邦			实皆省		
4	缅	民盟	18	掸	泰莱 NDP
5	掸	民盟	19	钦	民盟
6	傈僳	民盟	掸邦		
7	拉旺	民盟	20	缅	巩发党
克耶邦			21	克钦	独立候选人
8	缅	巩发党	22	傈僳	傈僳 NDP
克伦邦			23	拉祜	拉祜 NDP
9	缅	民盟	24	茵达	民盟
10	孟	民盟	25	阿卡	阿卡 NDP
11	勃欧	民盟	26	卡扬	民盟
马圭省			德林达依省		
12	钦	民盟	27	克伦	民盟
曼德勒省			仰光省		
13	掸	民盟	28	克伦	民盟
14	缅	民盟	29	若开	ANP

(二)巩发党为大选所开展的主要政治活动与发表的言论

缅甸总统吴登盛表示,2015年大选将是缅甸独立以来首次所有政党都可以参加的自由公正的人选。在2015年1月1日的新年贺词中,吴登盛承诺当年举行自由公正大选并呼吁各界给予支持。2015年9月24日,吴登盛在国家改革委员会会议上表示,自2011年执政以来的4年多时间里,政府积极引进外资,大力发展经济,改革税收,推进和平进程,努力消除贫困,促进农村发展,不断改善医疗条件,改革发展取得显著成效,但也出现一些错误,存在不足之处。他强调要继续维持改革的成果，尽快实现人民的要求。

2015 年 10 月 5 日，巩发党党员、现任德林达依省人民议员、军方退役中将吴钦索乌表示，巩发党部推举的总统候选人就是现任总统吴登盛，如果巩发党获胜，吴登盛仍旧是总统。根据选举规则，算上军方的 25% 席位，巩发党只需赢得 26% 的席位就可以占据 50% 以上的话语权，在选举下届总统时占主动地位，然而瑞曼公开表示，哪怕是 26% 的席位对于巩发党而言都是困难的。2015 年 11 月，缅甸总统吴登盛呼吁选民积极参加投票，各方合作确保大选成功举行。他说虽然面临困难和挑战，他相信这将是一次自由公正的大选。

巩发党最终只获得了 6% 席位的结果，充分说明了巩发党和许多其他政党低估了昂山素季的广泛吸引力，低估了她的"改变"口号和人们想要改变长期以来的军政府统治，推进民主改革。

（三）民盟为大选所开展的主要政治活动与发表的言论

2015 年 9 月 19 日，民盟总部确认参选总人数 1130 人，其中女性 170 人。[①]
2015 年 9 月 21 日，民盟领导人昂山素季到仰光的乡村进行拉票活动，呼吁民众"为了让国家实行真正的改革，为了组建清廉的政府，请把票投给民盟"，并首次就密松水电站是否重启进行表态。她表示，如果民盟 11 日赢得大选，将会把合同内容向民众公开，然后再决定是否重建。并称，如果缅甸想要在国际上做一个有尊严的国家，"必须遵守签署合同的承诺"。

2015 年 9 月 27 日，民盟在仰光总部举行成立 27 周年纪念活动并发表声明称，2015 年是昂山诞辰 100 周年，全民盟决心在大选中取得压倒性胜利，以此向昂山致敬，并推动真正的政治改革。2015 年 10 月 5 日，昂山素季在克钦邦为竞选造势，表示若民盟当选则将组建一个廉洁的政府，且不论谁当选总统她将控制全民盟政府。克钦组织呼吁族人支持民盟。

2015 年 11 月 1 日，昂山素季在仰光市丁干尊镇区杜瓦纳妙乌塔广场举行大选前民盟在仰光举行的最后一次竞选集会，约有 20 万名市民前去参加并支持；11 月 4 日，民盟在曼德勒省 Chanayethazan 乡举行最后一次竞选集会；11 月 5 日，昂山素季表示，如果民盟在周末的大选中获胜，她将"超越总统"，执掌政府。

---

① 缅甸《镜报》新闻网站。

在本次选举中，昂山素季的号召力、西方国家的支持以及广泛开展的宣传活动为此次获胜增加了筹码。与此同时，民盟邀请大批少数民族人士作为其党员到少数民族选区参加竞选之举更是一个有效的创造性策略。

（四）军方的表态和角色

2015 年 1 月 18 日，克钦独立军、缅北各民族武装与缅政府军仍在激战中，战事已持续 70 多小时。缅北战事升级为曙光初现的和平进程蒙上了阴影，也必将影响 2015 年大选的顺利进行。2015 年 9 月 20 日，国防军总司令敏昂兰大将在内比都举行的缅军高层会议上称，希望军队在大选期间能够在全国范围内做到自由和公正；21 日，又在内比都的新闻发布会上对媒体表示，军队按照法律来办事，根据宪法的规定公正，没有夺取政权的愿望。

2015 年 10 月 18 日，北掸邦军声明在努力促成和解的同时将继续战斗以自卫。缅军在 6~18 日对北掸邦军在大山浦至万海一线据点发动了进攻。万海战事不断升级，继克钦、德昂之后，若开、果敢两军也先后支援北掸邦军。战事已致上千名村民沦为难民，当地出现粮食短缺问题。2015 年 10 月 16 日至 17 日，缅甸政府和"民地武"的全国全面停火协议联合执行协商第一次会议举行，双方商定成立联合监督委员会和联邦和谈联合委员会，八支民地武装组织代表表示将以中立立场帮助全国大选。

虽然军方所支持的巩发党并没有取得 2015 年大选的胜利，但军方在选举过程中起到的积极推动作用却得到了国内外的一致认可，在国际上树立了良好的形象，为谋求进一步军事合作奠定了良好的基础；在国内，恢复了声誉，也赢得了民众的好感。

（五）缅甸 2015 年大选特点及意义

1. 2015 年大选的特点

一是从举行时间上看，本次大选是按照宪法规定期限举行的，距巩发党政府2011 年胜出恰好相隔 5 年，是缅甸大选史上最合宪法规定的一次。[①]

二是本次大选民众投票踊跃，投票率高于前两次大选。由于本次大选为缅甸2011 年加快民主转型以来的首次大选，加之昂山素季领导的民盟可正常参选，

---

① 宋清润. 缅甸大选后政局评估与中缅关系前瞻［J］. 和平与发展，2016（1）：84-86.

国内外各方对此次大选寄予厚望。加之选民对以前的军政府长期执政的怨气积聚已久，此次十分珍视投票机会，希望选出中意的议员和政府，为缅甸发展带来积极改变。因此，这次大选投票率达到80%左右，[①] 高于1990年的73%、2010年的77%。[②]

三是大选参选政党和候选人数量均多于上次大选。这次大选的参选政党为91个，是上次大选的两倍半；议员候选人6038个，是上次大选的近两倍。[③]

四是大选尽管存在一些问题，但其总体的公正性获得国内外基本认可。相比前两次大选，缅甸执政当局做出了大量的努力以保障本次大选的自由和公正，尤其是在信息披露的及时化和信息化方面下了大功夫。本次大选结果的公布采取每天多次动态公布的方式进行，相较于2011年大选的10日后一次性公布来说透明度更高。欧盟等西方观察员公开表示，大选尽管存在一些问题和有待改善之处，但基本是自由公正的。[④] 联合国秘书长潘基文及多国领导人也对缅甸大选平稳举行表示祝贺。[⑤]

2. 民盟在大选中胜出的原因

一是昂山素季个人影响力出众，在民众中累积了很高的知名度。作为昂山将军的女儿，曾领导反对军政府斗争，又经历过来自政府的长期软禁和打压，获得民众尊重的同时又得到一丝同情。此外，昂山素季为本次民盟参与大选选择的"改变"口号，着实符合缅甸民众想推翻长期军政府统治的渴求，受到极大的欢迎，其本人也在国内各地奔走拉票，在智慧、不屈的形象之上又增加了亲民形象。其实，很多投票给民盟的选民未必真地了解民盟候选人，或认真比较过民盟候选人与巩发党候选人的能力高下，他们选择民盟是在支持昂山素季。

二是1962年以来，军人或其扶持的巩发党长期执政，缅甸民众对此产生

---

① 缅甸历史性大选紧张 等待开票选民希望"改变国家"［N］. 环球时报，2015－11－09.

② Elections 2015：Over 80% of Voters Forecast to Vote［EB/OL］. http：//www. myanmarinternationaltv. com/news/elections－2015－over－80－voters－forecast－vote，2016－01－06.

③ 张云飞，庄北宁. 缅甸大选三问［EB/OL］. http：//news. xinhuanet. com/world/2015－11/08/c_ 11170 74452. htm，2016－12－08.

④ Elections Free & Fair EU Observers Praise Myanmar's Polls，But Note Some Flaws［J］. The Global New Light of Myanmar，November 11，2015.

⑤ World Leaders Laud Myanmar Election as Suu Kyi Secures Majority［Z］. Reuters，November 13，2015.

"视觉疲劳"和诸多不满，希望"换党换人"执政。加之巩发党的竞选造势活动不够亲民，对基层民众的诉求不够了解，竞选活动效果不佳。

三是缅甸近年来推进政治和社会转型，网络快速发展，传统媒体和新媒体平台的影响力日益广泛。大选前，绝大多数的媒体都选择了"一边倒"地宣传昂山素季和民盟竞选前各地拉票造势的盛况和获胜预测，同时对巩发党进行指责评论。这种媒体舆论的影响对民盟赢得选票起到了不容忽视的作用。

四是西方国家推动缅甸大选朝着其所期望的方向发展。① 美国向缅甸大选提供了1800万美元的援助用于增强缅甸民主机构的能力，支持公民社会、政党和媒体，并帮助缅甸政府开展选举。② 2015年3月，包括美国、澳大利亚、丹麦、欧盟、挪威、瑞士、英国7个国家或组织在内的驻缅甸大使馆联合发布新闻公报称："2015年大选对缅甸来说是历史性的，是缅甸向世界各国表明该国已成功迈上民主道路的一个重要证明，7家驻缅使馆将会全力推动实现透明的、公平正义的大选，支持缅甸正在进行的民主改革。"③ 西方国家的相关举措提升了民众参与选举的热情，民众关注度、参与度和投票率的提高无疑会为"风头正盛"的民盟赢得更多的选票。

3. 大选对缅甸民主化进程的意义

缅甸新生民盟政府出台诸多内外政策，给缅甸的发展和民生改善带来新希望。内政方面，优化政府部门运作，整顿吏治和反腐败，提倡清廉政府，各部陆续设新闻发言人，增加政策透明度；联邦政府成立由总统等高官牵头的国家计划委员会、省邦计划委员会、私有化委员会、建设项目审核委员会、土地征用审核委员会等8个统筹协调委员会。各部5月陆续公布"百日计划"，推出诸多"以民众为中心的发展政策"，很多政策针对性强，突出改善民生，重视维护劳动者权益，增加就业。同时，将国家和解、稳定与安全视为要务。在政治和解方面，民盟执政后立即释放政治犯。在缓解宗教冲突方面，民盟推动议会通过"宗教和

① Burmese Election Must Show Commitment to Democracy ［EB/OL］. http：//www. burmapartnership. org/2015/10/burmese - election - must - show - commitment - to - democracy/.

② 美国注视缅甸的目光转向"后投票时期"［N］. 中国青年报，2015 - 11 - 11.

③ 美国将向缅甸大选提供1800万美元资金援助 7家外国驻缅使馆发联合声明称愿为大选提供帮助［N］. 缅甸"金凤凰"（中文报），2015 - 03 - 12.

谐法案"，推动不同宗教间彼此尊重、和睦共处，惩治破坏分子。在打击犯罪方面，内政部整肃警察形象，派出更多警察并加大在内比都、仰光、曼德勒等大城市的巡查力度，突击抓捕一批罪犯，多地安全明显好转。外交方面，民主转型后，尤其是昂山素季领导民盟执政后，缅甸外交局面焕然一新，处于独立以来最好的时期之一。

第三节 大选前后的缅甸政治改革进展

转型背景下，缅甸政治改革的大方向就是进一步实现向民选政府的过渡。缅甸国内政治改革主要围绕民主和民生两个方面。另外，反腐以及政策透明度等都是民盟执政后所绕不开的重要问题。农村人口占缅甸总人口的绝大多数，故农业、农村、农民等"三农"问题与缅甸民生关系最为密切。巩发党执政时期已将吸引农业外资、促进农村发展作为主要执政目标。

一、行政机构改革

大选后，昂山素季和军政高层均展示出了难能可贵的和解、合作姿态，新旧政府权力交接总体顺利，新兴民盟政府上台后，政治体系新架构形成。

（一）权力交接

从 2015 年 11 月中旬到 2016 年 1 月底，军方、时任吴登盛政府（巩发党政府）与民盟展开多次权力交接会谈，此后各机构交接情况较为顺利。人民院方面，议长由民盟中央执行委员会成员吴温敏担任，副议长为巩发党成员、前缅甸联邦检察院法务部负责人吴迪昆妙；民族院方面，民盟克伦族议员曼温凯丹担任民族院议长，副议长由若开民族党名誉主席吴埃达昂接任。2016 年 3 月 15 日，备受关注的民选总统结果公布，吴廷觉被选举为新任国家总统，时任仰光省行政长官的吴敏瑞为第一副总统，民盟钦族议员亨利班提育为第二副总统。吴廷觉把上届政府的 36 个部门整合为 21 个部门（含新设立的民族事务部），以提高效率，减少开支，但不裁减公务员数量，以确保官僚体系的整体稳定。①

（二）政治体系新架构

3月30日，吴廷觉领导新政府高官宣誓就职，完成新旧政府权力交接。部长人选方面，依据宪法军官出任内政、国防、边境事务三个部长，昂山素季兼任外长、总统府部长、国家顾问（国务资政），其他部长由民盟（7个部）、巩发党（3个部）及专业人士或少数民主人士（9个部）出任，使得不同派别的利益分配相对分散和均衡，减少了在野力量对吴廷觉政府的威胁和牵制，有利于民盟团结更多力量，实现国内停火，以此推动民主进程的发展以及国家经济的发展。

（三）昂山素季占据重要地位

受2008年缅甸宪法限制，昂山素季无法出任总统，但由于其身为民盟主席，在民众中威望颇高，拥有调动各方资源、协调各方势力、推动国内和解和民主进程的能力，被视为是缅甸政局最关键的领导人，甚至是实际领导人。因此，缅甸有些媒体版面把昂山素季的头像并排放在总统之后，以显示其地位的重要性。

二、反贪反腐工作

2015年，缅甸政府反贪反腐败工作取得一定成效，自肃贪委员会成立两年以来，共查处贪官125名，追回贪款约2068万缅元。根据国际组织"透明国际"公布的"2015年度全球清廉指数"显示，缅甸的贪污腐败现象比往年有所减少，但目前还处于全球最糟糕的贪腐名单内，在168个国家中名列第147位②。民盟大选获胜后，也积极加强廉政建设。昂山素季要求民盟建立"清廉政府"，要求公布议员候选人的财产；尽快培训新议员学习宪法、党纲等政治知识并进行考试；要求民盟成员执政时"纪律严明"，特别叮嘱新当选议员不要只"瞄着部长位子"，③重要的是要服务于民众和国家。民盟还将建立监管委员会，未来其成员的任何违反道德和法律的行为都会受到严惩。总体来讲，缅甸新生政府在反贪反腐方面的政策比以前务实灵活了许多。

---

① 宋清润. 缅甸大选后政局评估与中缅关系前瞻［J］. 和平与发展，2016（1）：84－86.
② 缅甸反腐任重道远［N］. 缅甸"金凤凰"（中文报），2016－02－19.
③ 胜选后昂山素季动作频频 邀各国使馆负责人会面 让民盟议员别做部长梦［N］. 缅甸"金凤凰"（中文报），2015－11－17.

三、修订相关法律

2015～2016 年，缅甸依据发展现状修订了一定数量的法律条文，主要涉及经济、社会两方面。在经济层面，缅甸联邦议会分别于 2015 年 1 月、8 月和 9 月通过了签署《禁止化学武器公约》提案、《广播电视法》以及新《矿业法》，为更多私营电台亮起绿灯的同时，也使得缅甸成为可进行黄金出口的国度，为缅甸社会的经济发展起到了一定的推动作用。在社会层面，《缅甸佛教徒女性婚姻法案》、《特别婚姻法》、《转变宗教信仰法》以及《一夫一妻制法案》的签署对缅甸国内愈演愈烈的民族危机和宗教信仰危机起到了一定的缓解作用，使得转变宗教信仰等备受争议的社会问题变得有法可依。但综观全局，欲要解决缅甸的政治问题，修订一部平衡各方利益的宪法才是根本。

四、注重社会民生事业

根据国际货币基金组织的数据，2015 年缅甸经济增长率超过 7%，但 GDP 仅约 670 亿美元，人均 GDP 为 1292 美元。由于缅甸经济以农业为主，工业产品需要大量进口，贸易逆差大，加之近年来缅元持续贬值，相较于 2011 年贬值幅度已高达 30%，财政负担沉重。统计数据显示，目前缅甸 70% 为农村人口，25% 的人生活在贫困线以下，1/3 人口处于失业状态，仰光普通工人的月均工资在一两百美元，偏远乡村的人收入更是少得可怜，生活质量难以保证。另外，基础设施落后，2/3 的家庭仍处于缺电状态。

（一）吴登盛政府期间民生改善

吴登盛政府执政期间，推出了一系列改善民生的政策，并取得了良好效果。[1] 2015 年 4 月起大幅度提高公务员工资；9 月 1 日起，缅甸政府在全国境内实行每日 3600 缅元（约合 19.8 元）最低工资标准；6 月 7 日，缅甸移民局正式下发拥有两年期限的临时身份证明卡，截至 2015 年底，缅甸已为 640 万土著公民办理了公民身份证。[2]

---

[1] Sanay Lin. Bruma Releases Preliminary Results from First Cen - sus in Decades［EB/OL］. http：//www. irrawaddy. com/burma/burma - releases - preliminary - results - first - census - decades. html，2014 - 01 - 09.

[2] 熊丽英. 2015 年缅甸大选及大选后的政治、社会、经济发展［J］. 东南亚研究，2016（1）：25 - 26.

（二）民盟政府"百日计划"

缅甸选民对昂山素季领导的民盟在改善民生方面寄予厚望，希望民盟能尽快增加就业，提高百姓收入。民盟上台后，积极推出了一系列政策措施。2016年5月初，新兴民盟政府成立由总统等高官牵头的8个统筹协调委员会。同时，昂山素季表示，为把国家建设成强国，须靠人民力量。各部5月陆续公布"百日计划"。在经济政策方面，新政府将实施仰光全方位发展计划。计划与财政部将给予中小企业注册费优惠，在省邦和县一级制订基础发展计划；开设金融和投资培训班，增设约100万美元的彩票奖项；在仰光港口和机场使用自动化系统，建设国际水平的会计体系；增加外国在缅投资，促进私营领域的发展；拓展保险市场等。边境事务部计划在缺水的村庄维修和新建水井与水池，维修因自然灾害而毁坏的建筑、道桥；让少数民族妇女参加该部开办的职业技术培训班并安排工作；与其他政府部门和国际组织合作向难民提供经济适用房和粮食等。交通与通讯部要制定国家交通政策；在36处地点修建河堤崩塌防护工程；制作带有芯片的驾照；发展2600兆赫宽频网络等。[①]

五、公民社会及民主运动

2011年吴登盛政府执政后，缅甸公民社会成长迅速，发挥的作用和影响力也越来越大。随着缅甸民主化进程的推进，公民社会和民间组织与国外的联系也越来越紧密。目前，缅甸国内活跃着数百个NGO，它们的关注点大多在社会公益性事业领域，具体事务包括大选监督、失地农民救助、反宗教歧视、少数民族权益保护、反大坝运动、教育体制改革、农村小额信贷等。

2015年，缅甸的公民社会和民间组织在水灾救助、环境保护、大选监督、修宪等多个方面发挥了重要的作用。其中，声势最为浩大的当属学生的反《教育法》运动。由于新的教育法案过度地控制教育系统，限制办学体制和禁止学生组织以及少数民族语言教学等。学生们从3月开始，沿着曼德勒到仰光举行游行示威，要求修改教育法案，遭遇政府暴力镇压。最终以示威学生同意采取与政府和

---

① 宋清润. 全球化背景下的东南亚民主转型——以泰国、缅甸和新加坡为例［J］. 东南亚研究，2016（8）.

议会协商的方式进行国家教育法修改工作而结束。① 仅从民主的角度讲，民盟的步伐会比前政府巩发党要大得多。从大趋势来看，缅甸民主化进程已不可逆转。非政府组织（NGO）在缅的兴起反映了缅甸民众民主意识的明显提高。而以昂山素季为首的民盟被视为缅甸民主力量的代表，因此民盟胜出将大幅加快缅甸民主化的步伐。

综合来看，公民意识的觉醒以及公民社会的发展在一定程度上推动了缅甸民主化进程的发展，有利于社会走向更高层次的文明。但在这些影响力日益强大的社会组织背后，往往有国内外宗教及政治势力的扶持，甚至使得其社会行为不再单纯，且充斥着各方的利益诉求。这无疑会加剧民盟上台后，缅甸国内"弱政府—强社会"的社会政治特点。②

第四节　多元势力博弈下的缅甸政局走向

备受瞩目的 2015 年缅甸大选落下帷幕，缅甸民盟在此次选举中大获全胜，其获得组建新政府的权力，未来缅甸将进入"民盟时代"。2016 年 1 月，缅甸原巩发党政府、民盟、军方、议会以及民地武等各方举行大选后的首轮和平对话。2016 年 3 月，缅甸议会推选出新任总统吴廷觉与副总统吴敏瑞、亨利班提育，分别来自民盟与缅甸军方。与此同时，民盟领袖昂山素季在新政府中兼任外交部部长、总统府部长以及国家顾问等多个职务。大选以来的缅甸一系列政治变化表明，民盟正在走向缅甸政治舞台的中心，但目前缅甸局势的走向并非民盟的单独影响，而是民盟、军方以及民地武三大势力相互博弈与综合作用的结果。

---

① Who's who in Burma：2015 ［EB/OL］. http：//www. irrawaddy. com/burma/whos－who－in－burma－2015. html，2015－03－12.

② 熊丽英. 2015 年缅甸大选及大选后的政治、社会、经济发展 ［J］. 东南亚研究，2016（1）：25－26.

一、缅甸各势力间关系审视

(一) 民盟与军方的关系

民盟诞生于军政府统治时期，1990 年民盟在选举中获胜，但选举结果被军政府否决，昂山素季在接下来 20 年间被多次软禁，此外其他一些民盟成员也曾因反对军政府而被捕。2010 年 3 月，民盟因抗议军政府软禁昂山素季而决定抵制大选。自从 2010 年获释以来，昂山素季围绕修宪问题也受到军方议员的阻挠。因此，长期以来民盟与军方以及具有军方背景的巩发党处于对立局面。

然而，民盟领袖昂山素季对于缅甸军方也并非一味地反对，特别是在 2015 年缅甸大选后展现出了难得的和解姿态。如昂山素季多次强调自己是昂山将军的女儿，愿与军方合作，并且积极与丹瑞、敏昂兰、吴登盛等缅甸军方及巩发党高层保持积极沟通；而缅甸军方也公开发表声明，祝贺"民盟在大选中赢得压倒性胜利"；原缅甸总统吴登盛则承诺按时向新政府移交权力。

尽管如此，昂山素季及其领导的民盟与缅甸军方的固有矛盾并没有得到根本性解决，双方在宪法修改、权力分配、官僚体制改革以及国防安全政策制定等方面仍存在较大分歧。

(二) 民盟与民地武的关系

在民盟作为在野党期间，其与民地武没有过多的接触，双方也没有直接的利益冲突，甚至在某些问题上有一些共同利益，如修宪问题。缅甸一些民地武希望通过修改宪法保证其合法的政治与社会地位。与缅甸军方的强硬态度相比，缅甸民地武也对表现相对温和的昂山素季及民盟具有更多期待。2015 年 10 月，缅甸最大民族武装佤邦牵头第二次邦康峰会，汇集克钦独立军、果敢同盟军等 11 个组织，共同商讨如何应对缅甸大选。从峰会公报来看，尽管没有直接提及"民盟"，但"政治方式解决"、"愿与大选后新政府展开合作"、"推动 2008 年宪法修改"等内容均反映出各民地武对民盟较为正面的态度。

然而，昂山素季及民盟先前对民地武问题的表态一直比较模糊，也曾引起各民地武势力的不满。同时，尽管昂山素季已表达出吸纳少数民族成员的意向，但民盟本质上是代表缅族利益的政党，因此民地武对执政后的民盟虽抱有期待，但不会完全信任。

（三）军方与民地武的关系

民地武问题并非仅仅起源于缅甸军政府统治时期，但从历史与现实情况来看，缅甸军方的强硬立场是该问题久而不决的关键因素。1947 年由缅族与主要少数民族签署的《彬龙协议》是缅甸民族和解的基础。然而，《彬龙协议》一直都为缅甸军人集团所不满，因而在 1948 年缅甸独立后并没有真正实施。1988 年缅甸新的军人政府上台，曾同 17 支民地武达成停火协议，但这些协议仅仅只是双方临时妥协的结果。2009 年以来，克钦独立军、果敢同盟军等势力与缅甸政府关系恶化，2011 年后缅北冲突愈演愈烈，特别是 2015 年 1 月起，缅北武装冲突再度升级。尽管 2015 年 10 月缅甸政府与 8 支民地武势力签署了全国性停火协议，但克钦独立军、佤邦联合军、果敢同盟军等缅北主要势力均未签署。

2015 年缅甸大选结束后，军方在处理民地武问题方式上出现了一些微妙的变化，但强硬立场并未得到根本性改观。2016 年 3 月，亲军方的缅北大勐稳的华人集体加入缅甸国籍，因此推动少数民族以缅族身份入籍将成为今后缅甸军方解决民族问题的一种新方式，其背后反映的仍然是军方一贯的"大缅族主义"立场。与此同时，在 3 月举行的缅军阅兵式上，总司令敏昂兰提出军队要对付武装造反，无疑是给民地武传达了"不服从就要被消灭"的明确信号。

二、未来缅甸政局走向分析

（一）现实的执政压力将使民盟注重多方合作

长期作为在野党的民盟缺乏必要的执政经验，同时党内成员团队老化，导致民盟在治国理政方面缺少与时俱进的新思维。近年来，缅甸已迈入经济增长的快车道，但基础设施建设滞后、财政资金不足、缅元贬值等一系列现实问题仍较为棘手。因此，如何进一步发展经济、改善民生对于民盟新政府是极大的挑战。尽管民盟与军方、民地武之间的博弈已然开始，但执政初期的民盟应不会将精力过度花费在与各种政治势力的博弈上，而是通过多方合作以创造良好的执政环境。

首先，支撑缅甸经济命脉的银行、矿业、交通运输、房地产、烟草、酒精和重工业等领域都主要为军方企业所掌控，在民盟立足未稳的情形下，应不会急于在这些领域打破军方的既得利益。其次，具有军方背景的巩发党在过去数年执政中积累了丰富经验，民盟应会继续保持与其合作，巩发党成员将通过各种渠道参与政治事务。最后，民盟仍将积极表现出与民地武和谈的姿态，同时构建更为灵活的政治对话框架。

（二）军方仍将把控缅甸政治大局

2008 年《宪法》第六条规定，"要始终坚持军队能参与和担负对国家政治生活的领导"。军队对议会 25% 议席的掌控，政府中三个关键职位——国防部长、内政部长和边境事务部长均由国防军总司令任命，国防安全委员会的设立都体现了这一点。其中内政部长管理着地方镇区、村、街道一级政权，相当程度上虚化了省邦行政长官的权力，而内政部对全国警察管理意味着掌握了国家暴力机器之一。军队将自身看作是缅甸政治的监护者，从历史经验出发，将缅甸独立后议会政治乱象归结为政客自私自利、目光短浅，导致国家处于混乱状态。民主是需要纪律来约束的，政客的本性会鼓动民粹，不顾长远大局，如果任其发展，造成国家分裂和民族纷争，最终还得由军队收拾局面。因此，军队设下了"联邦不分裂、民族团结不破裂、国家主权稳固"的红线。可以想象，如果在民盟新政府执政期间出现上述情况，军队势必再次利用 2008 年宪法赋予的紧急状态权力，宣布接管政权。此外，军队还认为民族问题尚未解决，军人现实使命仍在。

在可预见的一段时间内，军人仍是缅甸政治舞台的重要力量，但军队也并非铁板一块，未来民盟有可能与部分军队高层领导人关系强化。军队走向现代化、国际化需要民盟的帮助，民盟可以利用其与西方国家的良好关系，满足军队进一步接触西方国家，升级武器军备，军官得到培训机会的愿望。当民盟执掌政权后，拥有了国内和国际资源，如果在一些问题上维护军队的利益，向军队伸出橄榄枝，部分军队领导人也可能投桃报李，加强和民盟的关系。

（三）缅北问题可能将进一步复杂化

缅北问题发生发展至今，正是历史、现实以及缅甸政府民族政策失误等诸多因素交织形成的综合结果。自独立以来，缅甸国家政权在大部分时间都掌控在军方或以军方为背景的政党手中。因此，长期以来缅北问题的实质主要是缅甸军方与缅北各民地武势力的对抗。2015 年大选后，民盟正式走向缅甸政治舞台的中心。民盟上台后，缅北问题将出现复杂化趋势，"选边站队"无疑是将政府集团间矛盾扩大到政府与民地武之间，增加了缅甸政局的不稳定性，使原本错综复杂的缅北局势更加混乱不堪。

三、缅甸的政治和经济政策走向

民盟在大选中的拉票口号是"改变的时候到了"，可谓是顺应了民众求变的心理。不过，缅甸民众不仅期待政党和领导人更替，而且希望经济发展、民生改善、机会均等，改革为自己带来红利，如果民盟没有满足这种期待，那么这种期望就会变为失望，成为民盟的负资产。民盟能否在较短时间里满足民众诉求，值得我们拭目以待。

民盟执政后会更注重民生问题，如在教育和医疗方面加大投入等，以寻求短时期内获得绩效，争取民众的支持。在行政管理方面，民盟会力求提高行政效率，打造透明、法治、高效的政府和管理体制。在经济方面，民盟会加大经济改革幅度和步伐，进一步开放市场，出台一系列倾向于自由主义的政策，重新审核上一届政府决策的项目，采取更加透明和民主的原则审批。

民盟上台后，遇到的挑战之一就是打造一个清廉政府。缅甸官场上的潜规则比比皆是，贪污腐败行为成为一项传统，延续盛行了几十年，清除起来绝非易事。吴登盛政府在议会上通过了《反腐败法》，建立了反腐委员会，但反腐效果差强人意，被媒体诟病，他本人在第一届议会上发表最后一次演讲时也说，本届政府任期内留下的遗憾之一就是反腐成效不大。现政府需要比上一届巩发党用更大的决心和定力，来斩断各种裙带关系和达官贵人的盘根错节的利益之链，以满足民众的期待。民盟还要防止本党腐化堕落，毕竟民盟成为执政党后，拥有了权力，使用权力改善经济境况是一条捷径，这将是一场持久战。昂山素季、吴丁乌、吴温腾等民盟领导层经过多年牢狱或软禁生活，自律和自我牺牲精神无可置疑，他们也没有通过获取权力改善个人生活的动机。基层党员是否能自觉自律，克服人性弱点，坚持党性，保持清正廉洁的作风值得怀疑。民盟中也不乏投机者，他们未来能否经得起权力的诱惑和金钱的腐蚀，这也是民盟中央最焦虑的地方。昂山素季在选战获胜后一再强调加强党纪就是这一焦虑的体现。

民盟缺乏人才，但能够通过任用原政府职员和邀请社会精英，甚至外国专家进入，改变这一不利局面。实际上，民盟和巩发党一样，都面临着党员年轻化、政党改造、党的建设问题。最让人担忧的是昂山素季的强势决策风格，许多接触过昂山素季的人都认为她"柔弱的身躯中跳动着一颗坚定不移的心"。昂山素季为人固执，不达目的誓不罢休，而民盟因为高级党员和下属缺乏沟通渠道，她在民盟新政府上台后是否能做到民主决策，从善如流，仍然值得观察。

昂山素季的经济顾问、澳大利亚学者西恩·特纳尔（Sean Turnell）2015年大选后接受媒体采访时称，民盟与巩发党政府在经济政策方面最大的区别在于，民盟将真正关注农民，把工作重心放在农业和农村上。民盟将基本保持政策连续性，但也不会一成不变，当变则变。这种连续性基于现实判断上，如果前一届政府的政策、制度起到良好的功效，给国家和人民带来利益，那么就保留，否则将重新审查。例如，他认为迪洛瓦经济特区项目具有内生性和经济上的可行性，民盟应给予支持，但土瓦特区和皎漂经济特区在经济收益方面有限，不一定具有可行性。①

同时，他强调民盟缺乏执政经验的程度被夸大了。多数国家的反对党在上台之初都缺乏经验，但几年后都获得了一定的执政经验和基础。在军队统治缅甸几十年间，军人集团获得了足够的执政经验，却让缅甸落入了贫穷和衰败的境地，人民一贫如洗。民盟从2014年开始就设计施政蓝图，上台后可将理想付诸实践。民盟在国际上声誉较好，拥有比现政府很多的资源，能使缅甸获得更多的国际援助。

现代社会中金融体系是经济的核心。吴登盛政府认识到这一点，通过了一系列法律以推动金融体系升级，但由于缅甸社会中固有的惯性、惰性和保守性，吴登盛政府取得的进展有限。既得利益者害怕关键领域的变革，中央银行掌握在对现代金融制度一无所知的人手里，他们抵制将国际化的金融制度引入缅甸。虽然一些体制内的改革者试图努力，但传统保守力量太强大。实际上，政府仅需解除一些限制性、不合理和相互矛盾的管制，就可以极大地推动金融业的发展，但巩发党一直没有这样做。下一届政府任期内，国际组织如世界银行可以扮演一个积极的角色，推动缅甸金融领域转型，这是最容易取得效果的。西恩·特纳尔称，民盟推崇自由市场竞争，但它又由一定的游戏规则所监督，"只有自由市场经济才是缅甸根深蒂固的裙带主义和寻租行为的最好解药"。缅甸正走在一条漫长的

---

① Asia Times. Economic policy in a NLD - governed Myanmar［EB/OL］. http：//atimes. com/2015/12/qa - economic - policy - in - a - nld - governed - myanmar/，December, 24, 2015.

转型和转变为正常国家的道路上。假以时日，当缅甸拥有了高度的政治稳定、开放和透明的经济制度、合理的宏观经济政策、稳定的金融环境和明晰的产权之时，也就是一个繁荣、民主和良治的缅甸建成之日。

四、中国应对缅甸局势变化的对策建议

（一）灵活开展与缅甸民盟政府的务实外交

缅甸大选结束后，其国内政治的变化以及西方国家与缅甸关系的改善对中缅关系的挑战是客观存在的，但过去数十年中缅两国全方位合作所积累的基础依然牢固。针对当前缅甸政局的新变化，在秉持一贯原则的基础上灵活开展与缅甸民盟政府的务实外交显得尤为重要。2016年4月5～6日，中国外交部部长王毅应邀对缅甸进行正式访问，成为缅甸新政府成立以来接待的首位外国部长，其背后也反映出中方更为积极主动的外交姿态。今后中方应综合形成政府外交、政党外交、公共外交、民间外交有效配合的对缅交往格局，切实协助民盟新政府解决其面临的改善民生与发展经济等现实问题，践行习主席提出的"亲诚惠容"的周边外交理念。

（二）维持与缅甸军方及巩发党的友好关系

尽管缅甸民盟由于在2015年大选中获胜而取得了未来5年的执政权力，但巩发党、军方等势力对缅甸政治生活的巨大影响力依然存在。同时，昂山素季及民盟与缅甸军方的矛盾并没有完全消除，这些矛盾使未来缅甸政局走向仍存在较大变数，巩发党重返执政并非没有可能。因此，中国有必要和缅甸军方及巩发党继续维持良好关系，而支持缅甸某一单独政治势力的经验教训也曾让中国付出了沉重的代价，中方不能再重蹈覆辙。此外，当前中国在缅投资领域主要为能源、矿产、电力等行业，缅甸军方及附属企业对这些行业仍具有较大的控制权。除密切关注民盟在外资政策上的动向外，中方还应在大型项目投资中谨慎处理涉及军方利益的诸多问题。

（三）创造性介入缅甸民地武问题

在缅北民地武问题上，中方曾一度固守不干涉内政的外交原则，对于该问题的介入程度十分有限，使得自身在缅北问题上日益被动。随着民盟的加入，缅甸问题呈现出更加复杂的局面。要确保中国在缅北的长远利益，一方面需要中方具

有前瞻性与风险意识，不参与投资争议性项目开发，避免成为缅甸国内各势力斗争的牺牲品；另一方面中方也需要改变目前仅仅通过派遣特使等简单方式介入缅北问题的做法，不断根据形势变化进行"创造性介入"。在"创造性介入"的具体方式上，中方对缅甸的民族冲突应采取"刚柔并济"、"预防为主"以及"前期介入"原则。一方面继续推动缅甸政府、军方与民地武的和平谈判，争取以和平方式解决缅北冲突和威胁，另一方面需要增强中缅边境中方一侧的军事部署，以相对积极的态度和手段保障国家利益。

（四）拓展与缅甸其他党派与民间组织的交往

纵观缅甸近年来的政治发展动向可知，其国内政治主体多元化趋势日益明显。军方、民盟以及民地武为当前缅甸主要政治势力，但除此之外也广泛存在其他各民主党派，如全国民主力量党、88 代学生组织等。虽然各民主党派在缅的影响力不及民盟和巩发两党，但鉴于其悠久的发展历史和群众根基，以及领导人本身的影响力，使得其在改善中方在缅甸民众中的国家形象方面大有帮助。此外，鉴于当前 NGO（非政府组织）在缅甸社会中的影响力与日俱增，中国也应鼓励国内 NGO 积极参与中缅交流与合作，进一步深化"中缅民间交流圆桌会"、"共促民生发展"企业家对话会、中国医生"光明行"、"中国扶贫基金会胞波助学金项目"等交流机制与合作项目。

第三章　经　济

　　2015～2016 财年，缅甸大选顺利结束，昂山素季领导的缅甸全国民主联盟（以下简称民盟）以绝对优势掌握了人民院和民族院，吴廷觉成功当选为新一届总统，权力交接顺利完成。经济方面，缅甸在能源、矿业方面发展潜力巨大，经济也取得了令人瞩目的增长。国家依旧以提高国民生活水平、实现国家全面发展为目标，为此新政府推出了 12 项经济政策。因自然灾害的缘故，缅甸经济遭受了一定程度的影响，但总体来说发展潜力依旧巨大。如果继续保持政治稳定，加快国内民族和解团结的进程，维持社会稳定的局面，缅甸的经济依旧能保持增长的势头。随着新政府不断提出在经济建设方面的改革设想，更多的机会随之应运而生。根据亚洲发展银行的调查，缅甸的经济已经和亚洲的高速发展同步，近几年更是达到了 7% 以上。预计到 2030 年，缅甸将变成一个人均收入比如今提高 3 倍的中等收入国家。2016～2020 年，GDP 的增长预计能够达到每年平均增长 7.7%。①

第一节　经济概况

　　缅甸是一个经济发展较为滞后的发展中国家，相关经济技术比较落后，但是

---

　　① 缅甸：亚洲经济的下一颗新星［EB/OL］. 凤凰网，http：//finance. ifeng. com/news/hqcj/201208 31/6972772. shtml.

资源丰富。2015～2016年，吴登盛政府和吴廷觉新政府领导下的缅甸在经济领域也发生着巨大的变化。随着缅甸国内投资环境日益优化，越来越多的国家关注对缅投资，缅甸的投资贸易状况较以前有了很大的改变。

一、2015～2016年缅甸投资贸易概况

近年来，外国对缅投资额逐年增加。其中，中国投资最多，泰国次之，新加坡位居第三。据缅甸国家计划与经济发展部统计结果显示，缅甸吴登盛政府执政4年期间，外国企业在缅甸多个领域进行的投资额达100亿美元左右，增加约有25万个工作岗位。[①] 据缅甸官方统计，2015～2016财年头3个月（4～6月），缅甸进出口总额为62.15亿美元，贸易逆差9.3亿美元。其中大贸出口16.99亿美元，边贸出口9.45亿美元；大贸进口29.31亿美元，边贸进口6.4亿美元。[②] 截至2015年5月底，总计33个国家和地区在缅进行投资，投资额累计达563.3亿美元。其中，荷兰、英国、卢森堡、法国、挪威、瑞士、德国、瑞典等欧盟国家的投资金额为50亿美元，占总投资额的8.9%。[③] 2015年上半年，缅甸与柬埔寨、新加坡、泰国、菲律宾、越南、文莱、马来西亚、老挝、印度尼西亚等东南亚国家开展的贸易额约达53.47亿美元，其中缅甸与泰国的双边贸易额占25亿美元。[④] 商务部消息，2015年4月至9月初，我国进出口贸易额为116亿美元，较上年同时期降低了2亿美元。其中，出口额为46亿美元，进口额为70亿美元。海运贸易额有所降低，较上年同时期降低5亿美元，不过边境陆运贸易额则有所增长，同比增长了3亿美元。农业产品出口额为12亿美元，畜牧业产品出口额为200万美元，渔业产品出口额为1.6亿美元，林业产品出口额为7700万美元，矿业产品出口额为6亿美元，工业产品出口额为23亿美元，其他产品出

---

①　缅甸公民投资法与外国投资法合并工作已完成［EB/OL］. 缅华网，http：//www.mhwmm.com/Ch/NewsView. asp？ID = 8979，2015 - 01 - 15.

②　缅甸 2015/2016 财年头 3 个月进出口总额超过 62 亿美元［EB/OL］. 缅甸中文网，http：//www.md - zw. com/thread - 167783 - 1 - 1. html，2015 - 08 - 12.

③　缅甸与多国签署投资保护协定［EB/OL］. 中华人民共和国商务部网站，http：//www. mhwmm. com/Ch/NewsView. asp？ID = 11858，2015 - 07 - 08.

④　本财年缅甸东盟贸易约 50 亿美元　泰国居首［N/OL］. 缅甸"金凤凰"（中文报），http：//www. mhwmm. com/Ch/NewsView. asp？ID = 14197，2015 - 12 - 12.

口额为1.4亿多美元。^① 从缅甸商业部获悉，至2015年9月为止，2015～2016财年的前6个月内，缅甸对美国的总贸易额超过9200万美元，其中自美国进口的贸易额比值较大。从两国之间的贸易额来看，缅甸出口到美国的贸易额为3400多万美元，而美国进口到缅甸的贸易额则超过5800万美元。^② 截至2016年2月12日，缅甸贸易额为234.64亿美元，其中进口额142.54亿美元，出口额92.1亿美元，贸易逆差达50.44亿美元，上一财年的逆差总额为49.12亿美元。^③ 截至2016年2月底，中国以126个项目、190亿美元继续保持缅甸外资最大来源国地位。新加坡以199个项目、120亿美元位列第二。欧盟国家对缅甸投资额约达60亿美元。^④

二、缅甸主要新兴产业——成衣加工制造业

成衣加工已经成为缅甸的主要产业之一，是缅甸发展国家经济、增加外汇收入、改善民众生活水平、解决大量就业的重要行业之一。2015年1月12日，缅甸商业部表示，成衣制造业已发展成为国民经济的支柱型产业之一。缅甸成衣加工协会主席吴敏梭认为，近年来缅甸成衣出口是继天然气出口后发展最快的产品，同时也是外国投资增长幅度最大的产业。来自中国、马来西亚、德国、日本、韩国、中国台湾等20个国家和地区的企业纷纷投资缅甸成衣制造业，缅甸成衣出口额逐年增加，2012年的成衣出口额是7亿美元，2013年增加到12亿美元，2014年为13亿美元，2015年为16.5亿美元，2016年则突破20亿美元。^⑤ 为了更加了解自缅甸进口之成衣，并与潜在供货商合作，欧洲品牌商与零售商受邀参加2015年3月的缅甸贸易团。筹组贸易团至缅甸是欧盟所资助"SMART

---

① 今财年5个月出口额同比降低2亿美元 [EB/OL]. 缅甸中文网, http：//www. md－zw. com/ thread－173098－1－1. html, 2015－09－10.

② 本财年前七月国外投资额达37亿美元 [N/OL]. 缅甸"金凤凰"（中文报）, http：//www. mmg-pmedia. com/business/11799, 2015－12－31.

③ 缅甸贸易逆差持续增加 [EB/OL]. 缅华网, http：//www. mhwmm. com/Ch/NewsView. asp? ID＝15063, 2016－02－02.

④ 中国仍是缅甸外资最大来源国 [EB/OL]. 缅华网, http：//www. mhwmm. com/Ch/NewsView. asp? ID＝15374, 2016－03－18.

⑤ 2015年第二届外商玉石珠宝展销会举办受限 [EB/OL]. 缅甸中文网, http：//www. md－zw. com/thread－177181－1－1. html, 2015－10－12.

Myanmar" 的项目之一，也为缅甸制造商提供了解如何与欧洲品牌做生意的机会。① 缅甸正逐步成为世界成衣出口的新兴国家。

三、缅甸产业发展新亮点——旅游业

近年来，随着民主化程度的加深，因军事政权而持续锁国几十年的缅甸正在变身为一个旅游大国。2015 年，旅游业渐成缅甸经济支柱，酒店与旅游部部长吴翁貌表示，随着外国游客的增加，2015 年旅游旺季期间，与旅游业相关的工作岗位预计会扩增至 100 多万个。2016 年，旅游业吸引外资量大幅提升，在缅吸引外资行业排名中上升至第七位。② 2016 年 7 月 23 日，缅甸旅游业协会主席岱伦多称，为了使缅甸旅游业有更进一步的发展，正在努力促成在 2018 年举办"缅甸旅游年"。③ 为了促使地区旅游业的不断融合，缅甸政府已组建外国游客事务委员会，要求相关 9 个部委为日益增多的外国游客提供便利和服务，特别是在入境政策上将放宽管制，以吸引外国游客并增加游客在缅旅游时间。并且，缅甸政府同意持外国护照可以通过以下 6 个口岸到该国旅游，其中 3 个边境口岸包括大其力、妙瓦底和阁颂岛，3 个航空口岸包括内比都、仰光和曼德勒。

总体来看，旅游业成为缅甸吸引外资新亮点，但因为物价暴涨、旅游宣传不足等原因，2015～2016 年缅甸旅游业发展的幅度仍达不到缅甸政府的预期。2016 年预计外来游客 600 万人，实际游客数量比预计少了 11%。

四、缅甸吸收外资主要领域——油气开采

油气开采是缅甸吸收外资的主要领域之一。据英国贸易投资总署（UKTI）调查报告显示，目前勘探到的缅甸天然气地质资源储量约有 2832 亿立方米，在世界各国天然气地质资源储量排名中位居第 41 位。民选政府执政后，放开了许多产业领域允许外商投资，包括矿业、天然气等。截至目前，已有 18 家外资公

① 缅甸变身旅游大国［EB/OL］. 缅甸在线，http：//v2. myanmarol. com/News/Article/32074，2015 - 01 - 28.

② 缅甸成衣加工成为制造业主导产业［EB/OL］. 缅甸在线，http：//www. mhwmm. com/Ch/NewsView. asp? ID = 14891，2016 - 02 - 03.

③ 旅游业渐成缅甸经济支柱 创造就业机会多多［EB/OL］. 缅华网，http：//www. mhwmm. com/Ch/NewsView. asp? ID = 14169，2015 - 12 - 10.

司获准投资缅甸矿业领域。2016 年，日本贸易与投资企业玛鲁迷尼公司在缅甸丁茵动工建造一座天然气发电厂，预定 2019 年投入运作，预计将花费 400 亿日元（约 3.25 亿美元）。该厂建成后将成为仰光最大的发电厂之一。① 据日本共同社网站消息，日本三井物产公司宣布，旗下子公司三井石油开发新获缅甸石油和天然气资源的开发权益。②

第二节　2015~2016 财年缅甸政府的经济改革政策

　　2015 年，缅甸政府顺利完成全国大选，民盟取得联邦议会过半数席位，新一届政府将由民盟组建。缅甸政府继续致力于与各少数民族武装达成停火协议，并与部分民族武装组织签订全国停火协议，缅甸和平进程迈出具有里程碑意义的步伐。西方国家继续关注缅甸经济和政治局势，经济投资和援助也继续增加。2016 年，缅甸经济面临着新政府组建后的多种问题，如各国势力的角逐和部分民族冲突等。

　　缅甸自 2015 年以来，通货膨胀持续加剧，底层人民的生活受到了较大影响。为此，缅甸也持续出台了一些改善民生的经济举措，比如仰光德贡新区南部的马哈班奴拉廉租房项目已在开建。亚洲开发银行于 2016 年 3 月发布的报告显示，缅甸在 2016~2017 财年的通胀率仍可能保持 9.5% 的高位。③ 部分专家对此持有不同观点，他们认为脱离现实是以往经济政策不成功的主要原因。就现政府而言，联邦政府和省邦之间的合作对落实管理和政策尤为重要。也有分析人士认为，除了国内因素，缅甸的经济也受到外部环境的影响，过早地通过前几个月的执政来评判民盟政府的经济治理能力是不合理的。

---

　　①　缅甸天然气地质资源丰富［EB/OL］. 缅甸在线，http：//www. aiweibang. com/yuedu/134844208. html，2016 - 07 - 23.

　　②　日本玛鲁迷尼公司将在丁茵投资天然气发电厂［EB/OL］. 缅华网，http：//www. mhwmm. com/Ch/NewsView. asp？ID = 11226，2015 - 05 - 29.

　　③　缅甸新政府成立四个月后推 12 项经济新政［EB/OL］. 搜狐，http：//mt. sohu. com/20160801/n461941943. shtml.

2016 年 5 月，世界银行发布的缅甸经济观察报告中显示，2015～2016 财年经济增长率为 7%，低于上一财年。①

缅甸在"国家全面发展 20 年规划"中规划了两条连接经济特区和边境口岸的经济走廊，并在 20 年的全面发展规划中提出建设四条经济走廊，分别是：南北方向经济走廊、东西方向经济走廊、东北—西南方向经济走廊、仰光—妙瓦底经济走廊。

为了能在 2016 年 5 月 1 日至 8 月 8 日的百日之内实现对促进社会经济的发展的速赢（Quick Win），缅甸联邦政府各部积极开展名为"百日施政"的计划。昂山素季表示，希望各部通过合作消除偏见，将能够在百日内完成的工作优先纳入计划中，并要求各部制定"百日计划"，以加速国家的发展和改革。

民盟政府的 12 项经济政策首要的目标是实现以人为本的可持续发展、平衡各省邦之间的资源利用，以支持和平事业与民族和解。新公布的政策包括私有化国有企业、实行强大的人民财政管理制度、扶持中小型企业、发展基础设施建设、加强人力资源培训等。

新的 12 项经济政策包括：

（1）以公开透明、良好稳健的财政管理体制，增加财政资源。

（2）进一步发展国有企业，将有改革基础的企业转换为私营企业，扶持和帮助能促进就业和经济发展的中、小型企业。

（3）为了发展现代经济，大力发展人力资源和职业技术培训。

（4）优先发展电力、公路、港口等基础设施建设，建立身份证数据系统、数字化政府战略系统、电子政务系统。

（5）为国内公民和海外归来的缅甸公民提供就业机会，在短期内优先发展能创造就业机会的产业。

（6）为实现全面发展、粮食富足和提高出口的目标，全面推进农业、养殖业和工业建设，推动形成工农业齐头并进的经济模式。

（7）实行市场经济政策，发展私营经济，鼓励公民自由从事经济活动。专门制定外商投资政策，以吸引更多的外商投资，加强知识产权和法治建设。

---

① 世界银行数据。

（8）建设能长期扶持每户家庭、农民和经济企业的金融制度，提供资金支持，稳定财政资金。

（9）为了建设宜居城市，注重长期保护自然环境，提高公共服务水平，扩大公共活动场所，进一步保护文化遗产。

（10）有效提高国家财政收入，建立公平的税收政策，制定并公布保护公民权益和财产的法律法规。

（11）出台保护知识产权的体系和方法，努力提高创新能力和高科技水平。

（12）经济建设过程中，参照东盟和其他地区的发展变化，确立符合本国经济发展的良好思路。

当下缅甸经济还存在如贸易逆差攀升，中小型企业发展缓慢，政府办公成本高、效率低等问题，很大的原因是缅甸中小型企业还缺乏来自政府对基础设施建设和财政的支持以及政府数字化办公程度较低而造成的。而民盟政府的12项经济政策对以上问题具有一定的针对性，促进出口、提高产量是解决当前经济问题的最好办法，12项经济政策指出要鼓励国内企业到周边国家或更多其他地区开发市场，在加强和促进农产品出口的同时保证缅甸本身的食品安全。

民盟政府介绍，此次颁布的12项经济政策脱胎于民盟在2015年竞选中的经济目标，然而，也有观察人士认为，12项经济政策与当时的竞选目标还是有所区别的，而且与竞选目标相比显得太过简略。

第三节　2015～2016 财年缅甸宏观经济形势

2015年4月，缅甸前总统吴登盛签署了2015～2016财年国家计划。在2015～2016财年国家计划中调整了各领域的GDP占比，其中以逐年物价为基础，将农业领域的GDP占比由原先的28.6%降至27.5%；工业由35%提升至35.4%；服务业由36.4%提升至37.1%。同时，将消费总额定为514484亿缅元，人均 GDP 定为 1281105～1403978 缅元。① 2015 年大选之后，由民盟为主导的缅甸政局逐渐稳定，经济发展势头较好，但民盟政府在民族和解、发展经济以及改善营商环境等方面仍然面临着许多挑战。经济方面，缅甸在能源、矿业方面发展潜力巨大，西方解除制裁后，外资有大量涌入的趋势，政府也积极推动市场化改革来释放经济活力。虽然缅甸 2015～2016 财年的 GDP 增长率因自然灾害等不可抗力因素未达到国家发展计划的目标，但总体来说仍然保持着较快的发展速度，通信、农业、油气、电力以及旅游行业均取得了不同程度的发展。

一、主要经济指标

受益于大量外资流入和电信行业的快速发展，缅甸将 2015～2016 财年经济增长目标设定为 9.3%，这个数字超越了此前亚洲开发银行预估的 8.3% 和世界银行预估的 8%。② 2011 年缅甸民选新政府上台后，时任总统吴登盛领导了一系列的政治经济变革。近年来，缅甸经济取得了瞩目的成绩，2014～2015 财年缅甸吸引外资额达到 81 亿美元，此数字是 2009～2010 财年的 25 倍，创下新高。③在缅甸 14 个优先发展的经济行业中，电信行业在 2014～2015 财年的发展贡献了 46.9% 的增长率。这主要得益于挪威 Telenor 电信公司和卡塔尔 Ooredoo 电信公司在缅甸开始提供通信服务，通过逐渐建立良性竞争的市场环境，降低民众使用电信服务的成本，最终促进了缅甸电信行业的开放和快速发展。④ 虽然早先定下了高数字的增长目标，但由于洪涝灾害等不可抗自然原因对缅甸经济造成规模较大的影响，缅甸没有达成其 2015～2016 财年（2015 年 4 月至 2016 年 3 月）贸易额同比增长将近 10% 的目标⑤。

缅甸工商总会副主席苗丹表示，由于受到自然灾害、政治转型、中国经济总量增长放缓以及全球经济下滑等因素影响使得缅甸国内物价上涨，导致通货膨胀高涨。国家计划与经济发展部长甘佐表示缅甸在 2016 年 1 月的通货膨胀率为

---

① 中华人民共和国商务部驻缅甸经商参处网站．http：//www. mofcom. gov. cn/article/i/jyjl/j/201504/20150400953140. shtml.
② 中华人民共和国商务部网站．http：//intl. ce. cn/sjjj/qy/201505/07/t20150507_ 5304266. shtml.
③④⑤ 中华人民共和国商务部网站，http：//intl. ce. cn/sjjj/qy/201505/07/t20150507_ 530426 6. shtml.

8.7%，缅甸经济对传统农业的依赖性较强，国家经济状况容易受自然灾害的影响，缅甸经济在 2015 年下降约 30%。[①] 2015 年，缅元兑换美元汇率持续下跌，贬值约 25%。此外，进口增长和美元走强，也造成政府财政赤字上升，世界银行也预估缅甸经济增速在 2016 年将会从上年度的 8.5% 放缓至 6.5%。[②] 但是，世界银行资深经济学家 HabibRab 表示，增长率放缓的主要原因预估是自然灾害，在 2017 年缅甸的经济很有可能会得到迅速回升。[③]

二、主要产业发展

（一）农业

缅甸发展农业的自然条件较好，地广人稀，地势北高南低。缅甸商务部统计数据显示，由于受洪灾影响，缅甸被迫于 2015 年 8～9 月停止大米出口一个月，以保障国内大米供应，2015～2016 财年缅甸出口大米 150 万吨，比上一财年减少30 万吨，同时少于原计划的出口大米 200 万吨。[④] 不仅大米的出口，所有农产品出口在 2015～2016 财年均出现下滑，农产品出口总额为 25 亿美元，比2014～2015 财年减少了 3 亿美元。

缅甸在农业领域与外国进行了多项合作，2016 年，云天化集团携手云南农业大学，加快推进与缅甸耶津农业大学的战略合作，共同启动农业基础研究项目，在缅甸建立农业科技检测和科学施肥体系，以加快缅甸农业科技人力资源开发和成果转化。[⑤]

日本三井集团、德国 Behn Meyer 和缅甸农业合作社于 2016 年 4 月上旬签署合作协议，在迪洛瓦经济特区建立合资公司，由合资公司负责化肥厂项目的建设和运营，化肥厂项目总投资 1000 万美元。

（二）电力行业

缅甸已建有 16 个水电站，包括 1 个火电厂和 15 个天然气发电厂。缅甸全国

---

① 缅华网，http：//www. mhwmm. com/Ch/NewsView. asp？ID = 14892.

② 中华人民共和国商务部网站，http：//intl. ce. cn/sjjj/qy/201510/19/t20151019_ 6742792. shtml.

③ 中华人民共和国商务部网站，http：//www. mofcom. gov. cn/article/i/jyjl/j/201510/20151001139113. shtml.

④ 中华人民共和国商务部驻缅甸经商参处网站，http：//www. cccfna. org. cn/article/% B9% FA% BC% CA% CA% D0% B3% A1/20043. html.

⑤ 云南日报，http：//yndaily. yunnan. cn/html/2016 - 03/22/content_ 1047612. htm? div = -1.

缺电，电力紧缺问题在旱季尤为突出，即使在作为经济中心的仰光市，也经常出现停电、不通电的情况。缅甸电力部部长钦孟梭称，2015～2016年，在缅甸的1000万余户家庭、近5100万人口中，仅有370万户家庭已经通电，尚未通电的家庭达到680万户。

缅甸利用水力发电潜力很大，2015～2016财年缅甸财政预算达到约合18.5亿美元，缅甸政府表示，财政预算将增加投向电力这一缅甸经济发展重要部分的额度。① 缅甸电力部将用2.5万亿缅元改善缅甸电力供应与分输，这将是继财政、能源与国防之后缅甸政府的第四大支出。②

各国也在电力行业方面对缅甸进行了经济与技术上的援助，同时也与缅甸政府在该领域展开了合作。

2016年3月30日，首批中国援助缅甸灾区的电力物资已抵达内比都，支援缅甸电力设施灾后重建。③

2016年3月，民盟政府执政期间从日本JICA、世界银行、亚洲开发银行等国际组织获得了16.92亿美元的贷款用于电力开发。④

2016年5月，日本中部电力公司发布消息称，将向缅甸输配电基础设施改善方面、向设备管理和技术人员的能力开发方面给予支持。⑤

关于停滞的密松水电站项目，在2016年中缅双方也取得了进展，2016年8月，访华期间的昂山素季在接受记者采访时表示，对于密松水电站问题，将设立委员会寻求对密松水电站妥善解决的办法，缅方愿意通过两国能源部门的合作来寻求符合两国利益的解决办法。2016年11月，首份伊洛瓦底江上游水电——密松项目的调查报告已结束编撰，提交给了总统吴廷觉。

（三）油气行业

缅甸石油天然气资源主要分布在缅甸中部和沿海地区，石油开采有百余年历

---

①② 中华人民共和国商务部网站，http：//www.mofcom.gov.cn/article/i/jyjl/j/201505/20150500964159.shtml.

③ 中华人民共和国商务部网站，http：//mm.mofcom.gov.cn/article/zxhz/201603/20160301285950.shtml.

④ 中国电力企业联合会网站，http：//finance.sina.com.cn/roll/2016－03－23/doc－ifxqssxu7965532.shtml.

⑤ 电缆网，http：//news.cableabc.com/enterprise/20160530211797.html.

史。缅甸商务部发布的数据显示，缅甸天然气储量位居世界第10。近年来缅甸每年生产原油5000多万桶，天然气100多亿立方米，出口天然气70多亿立方米。吴登盛政府执政时期，缅甸与中泰两国签署了为期20年的天然气销售合同，月均将创汇约1.8亿美元。①

2015~2016财年前三季度，缅甸通过中缅天然气管道、耶德空和若迪卡天然气管道，共向中国和泰国出口了31亿美元的天然气，与上财年同期相比略有下滑，缅甸天然气年均出口额约为40多亿美元。②

2016年3月，缅甸投资委员会主席正式签发了由中国广东振戎能源有限公司主导规划的在缅德林达依省土瓦市建设年加工原油500万吨炼油厂项目的投资许可证，总投资约26亿美元。

（四）通信行业

缅甸被相关研究机构称为"东南亚地区最后一个没有被开发的电信市场"。缅甸政府自2012年发起以经济发展为中心的"第二波改革"以来，就将旅游和电信行业列为两个优先对外开放的领域。缅甸通讯部副部长吴觉妙在缅甸宽带论坛2016中致辞表示，缅甸的宽带普及率还非常低，不到1%，在许多领域阻碍了增长的机会，通过宽带发展促使国家在未来15年内增加25万个职位，投资和就业对国家来说是至关重要的，同时也要确保降低二氧化碳排放量保护环境，建设更高效的数字化办公政府，所以要努力推出更好更快的宽带，帮助缅甸成为一个互联网发达的国家。

自从2014年缅甸政府推行电信改革以来，缅甸国内的互联网用户数量从200万猛增到3900多万，同时手机SIM卡销售量也涨了400%。③截至2016年5月，挪威电信（Telenor）、卡塔尔电信（Ooredoo）、缅甸邮电（MPT）和缅甸经济电信（MECtel）四家缅甸移动通信运营商共售出约4372万张手机卡，移动通信覆盖率目前已达89.38%。④缅甸邮电部门负责人吴梭盛表示，数据并不能准确地

---

① 国际燃气网，http：//gas. in - en. com/html/gas - 2437580. shtml.

② 中华人民共和国商务部网站，http：//www. mofcom. gov. cn/article/i/jyjl/j/201512/20151201215760. shtml.

③④ 中华人民共和国商务部网站，http：//www. mofcom. gov. cn/article/i/jyjl/j/201607/20160701363440. shtml.

反映真实情况，自从 2014 年一张手机卡价格从 1000 美元降至约合 1.25 美元后，很多人都拥有两张以上的手机卡，截至 2016 年 3 月 6 日，缅甸通信公司（MPT）移动电话用户达到了 1900 万，挪威通信公司（Telenor）的用户在 2015 年末达到 1400 万，卡塔尔通信公司（Ooredoo）的用户截至 2016 年 1 月末达到 610 万。据悉，为了适应电信业的迅猛增长，缅甸也在大力发展通信基础设施建设，全国信号塔数量已从 2013 年的 3000 座增至目前的 11700 座，光纤长度也由 2013 年的 7600 公里增至目前的 31000 公里。[①]

2016 年 2 月，中国华为公司和缅甸科技部在缅甸丁茵科技大学举办了"华为信息与网络技术学院"（HAINA）开幕仪式。

2015 年和 2016 年，缅甸电信业吸收来自日本、挪威和卡塔尔的外国投资超过 28 亿美元。

（五）酒店与旅游业

2015 年，外资在缅甸旅游领域中的投资额约达 26 亿缅元，外资酒店项目已达 47 个，而投资最多的国家则是新加坡和越南。2015 年 11 月，入缅国际游客已超 420 万人，为缅甸创收约 20 亿缅元。作为缅甸第二大古城的曼德勒，在 2015 年吸引国内外游客的人数达到 306432 人次，同比增长了 29%。

前往缅甸旅游的游客当中以泰国游客居多，中国和日本游客次之。其中大部分游客都是由泰缅边境及中缅边境进入。缅甸酒店与旅游部的丁敦在仰光举办的第四届酒店与旅游研讨交流会上表示，随着缅甸旅游景区的投资开发，预计 2019 年缅甸将接待境外游客 750 万人次。一些投资商认为，缅甸对国际社会和投资商具有很大的吸引力。然而，由于部分地区的酒店等基础设施尚不健全，导致缅甸旅游业发展仍然很落后。据缅甸旅游业协会主席岱伦多称，为了使缅甸旅游业有更进一步的发展，正在努力促成在 2018 年举办"缅甸旅游年"，举办旅游年是旅游业从业者的心声，国际石油价格降低对发展旅游业来说是一个好的机遇，运输费用降低将给旅游业带来实质性的利益。

缅甸酒店与旅游部估计 2016 年前往缅甸旅游的国际游客将达到 550 万人次，

---

① 中华人民共和国商务部网站，http://shangwutousu.mofcom.gov.cn/article/ddgk/zwjingji/cr/201607/20160701363503.shtml.

与 2014 年相比增加了 52%。缅甸还计划在 2030 年能够接待国际游客 2000 万人次。但根据缅甸旅游联合会于 2017 年 2 月举行的新闻发布会上，缅甸酒店与旅游部表示，2016 年缅甸接纳外国游客数为 290 万人，同比减少了 35%，原因是统计部门未将从边境入缅的外国游客人数纳入计算中。

2016 年 6 月，据缅甸酒店与旅游部称，为适应快速发展的东盟一体化进程，政府已组建外国游客事务委员会，要求相关 9 个部委为日益增多的外国游客增加便利和服务，特别是在入境政策上将放宽管制，以吸引外国游客并增加游客在缅旅游时间。

（六）林业

缅甸森林覆盖率为 51%，达 13 万平方英里，世界 60% 的柚木储量和国际市场上 75% 的柚木均产自缅甸。缅甸每年主要向泰国、马来西亚、印度和日本出口 20 多万立方吨的柚木。此外，缅甸还有丰富的竹类和藤木资源，竹类品种 97 种，藤木 32 种。①

走私是缅甸木材贸易的一个难题，政府也实行了一定的强力措施来制止这一现象。2016 年 4 月 25 日，缅甸林业司发布了 2015～2016 财年联邦木材报告。据报告显示，在 2014～2015 财年，全国共查获非法走私木材 4.6 万吨。在查获的木材中，柚木为 1.5 万吨，其他硬木为 1.0 万吨，其余木材为 1.9 万吨。② 缅甸木材业总经理吴拉莫昂表示：根据林业部 2016 年度木材生产计划，将停止全国所有木材企业的木材砍伐与加工。

对缅甸而言，林业一直是一大支柱产业。然而，目前缅甸的森林资源状况不容乐观，林木以极快的速度消失。缅甸资源与环保委员会秘书长吴登伦指出，缅甸的森林覆盖率从 1752～1885 年曾占国土面积的 70% 下降到 2012 年的仅为 20% 左右。③ 森林覆盖率大幅度下滑的现象已经引发了缅甸国内舆论的高度关注。

（七）矿业

缅甸矿产资源丰富，现已探明的主要矿藏有铜、铅、锌、银、金、铁、镍、红宝石、蓝宝石、玉石等，部分已得到大面积开采。2015 年，缅甸国家财政收

---

① 广西壮族自治区外事办公室网，http：//www.gxgg.gov.cn/news/2014–11/78112.htm.

② 中国木材网，http：//www.chinatimber.org/news/62228.html.

③ 中国报告大厅网站，http：//www.chinabgao.com/info/54457.html.

入的 40% 来源于出售矿产资源，达到了 31 亿美元，玉石珠宝业与矿业创造了其中 7 亿美元的收入。2015～2016 财年前 10 个月缅甸翡翠出口额为 5.67 亿美元，与上财年同期相比下跌近一半。数据显示，2015～2016 财年前 10 个月，缅甸包括翡翠在内的矿产品出口总额为 8.95 亿美元，同比下降 4.63 亿美元。

缅甸矿业部总干事吴温腾表示，吴登盛总统执政的 2011～2012 财年至 2015～2016 财年，缅甸共计出产了 1.06 亿公斤玉石，每年平均出产 2100 多万公斤。

第四节　2015～2016 财年缅甸对外贸易的发展

在吴登盛政府执政的 5 年里（截至 2015 年 12 月），缅甸的贸易额为 1100 亿美元。其中出口额为 500 亿美元，进口额为 600 亿美元。2015 年缅甸部分地区遭遇洪灾，大米及其他农副产品受影响以及中国的玉石进口税上涨，是造成缅甸经济下滑的重要原因之一。

缅甸商务部的数据显示，2014～2015 财年缅甸与中国总贸易额为 100 多亿美元。2015～2016 财年（2015 年 4 月至 2016 年 3 月）11 个多月内，缅甸贸易额为 250 多亿美元，贸易逆差为 50 多亿美元。商贸促进管理司数据显示，2015～2016 财年出口贸易额为 100 多亿美元，进口贸易额则达 150 多亿美元，因此贸易逆差为 50 多亿美元。出口贸易中，通过海运出口的贸易额为 60 多亿美元，边境口岸出口贸易额为 40 多亿美元，而通过海运进口的贸易额为 120 多亿美元，边境口岸进口贸易额为 20 多亿美元，边境口岸出口额较进口额高。[①] 缅甸经贸部表示，2015～2016 财年（2015 年 4 月至 2016 年 3 月）缅甸与邻国的边境贸易额同比增长了 6%，达到 70.4 亿美元，其中包括进口的 25 亿多美元和出口的 44 亿多美

---

① 中华人民共和国商务部网站，http：//www.ccpit.org/Contents/Channel_ 3429/2016/0318/596827/content_ 596827. htm.

元。该边境贸易额比2014～2015财年增长约4亿美元。① 2015～2016财年缅甸出口中国的商品中，天然气出口额约为18亿美元，排名第一，农产品出口额约10亿美元，排名第二。由于自然灾害等原因，缅甸没有达成其2015～2016财年贸易额同比增长30亿美元的目标。

商务部助理秘书敏梭称2015～2016财年原贸易额目标是299亿美元（出口129亿美元，进口170亿美元），而截至2016年3月中旬，实际达到的数字是260多亿美元（出口100多亿美元，进口150多亿美元），贸易赤字约50亿美元。该数字相比前一财年略有下降。

贸易司发言人登敏韦强调了2015～2016财年的贸易领域的有利因素和不利因素，指出缅甸开放了经济，并且由于放松各种限制使得贸易增长，但全国范围的洪灾使得贸易增长目标无法实现。洪灾损害了粮食生产和渔业，阻碍了数月的大米出口。该财年大米出口收入截至2月底为3.96亿美元，低于上一财年的4.33亿美元。

缅甸五大出口目的国是中国、泰国、印度、新加坡和日本。主要的出口商品及出口额为：天然气40多亿美元，服装6.75亿美元，玉石5.70亿美元，黑绿豆4.33亿美元，大米3.96亿美元，金属和矿石2.79亿美元，绿豆2.77亿美元，玉米2.72亿美元，水产品2.39亿美元和木豆1.74亿美元。缅甸商务部商务顾问貌昂表示2015～2016财年天然气出口同比增长显著，但水产品、玉石等出口有所下降。②

据缅甸商务部网站发布的数据显示，2015～2016财年缅甸主要进口来源国依次为中国、新加坡、泰国、日本和印度。主要的进口商品及进口额为：汽车及相关产品16.8亿美元，石油16亿美元，机械和零部件15亿美元，船舶及相关产品11亿美元，钢铁建筑材料7.49亿美元，钢铁材料7.39亿美元，电话及通信材料5.78亿美元，塑料原料4.56亿美元和摩托车3.19亿美元。③ 貌昂认为民盟大选结果对国际贸易和投资有正面影响。

---

① 中华人民共和国商务部网站，http://www.mofcom.gov.cn/article/i/jyjl/j/201604/20160401296048. shtml.

② 南博网，http://www.caexpo.com/news/info/import/2016/04/27/3660884.html.

③ 南博网，http://www.caexpo.com/news/info/import/2016/04/27/3660884.html.

据缅甸商务部网站 2016 年 6 月发布的数据显示，2015～2016 财年缅甸与中国的贸易额为 109.92 亿美元，其中，出口额为 45.96 亿美元，进口额为 63.95 亿美元，逆差达 17.9 亿美元。与中国的边贸总额为 59.34 亿美元，其中，从木姐口岸出口额为 38.09 亿美元、进口额为 15.68 亿美元，贸易总额为 53.77 亿美元；从雷基口岸出口额为 0.64 亿美元、进口额为 0.12 亿美元，贸易总额为 0.76 亿美元；从清水河口岸出口额为 3.32 亿美元、进口额为 0.52 亿美元，贸易总额为 3.85 亿美元；从甘拜地口岸出口额为 0.28 亿美元、进口额为 0.67 亿美元，贸易总额为 0.95 亿美元。

一、边境贸易

根据缅甸商务部官方数字，2014～2015 财年缅甸边境贸易总额为 61.4 亿美元。2015～2016 财年，缅甸与邻国的官方边境贸易总额同比增长了 5 亿美元。截至 2016 年 3 月 11 日，边境贸易额达到了 65.6 亿美元，包括约 41.5 亿美元的进口额和约 24 亿美元的出口额。这一数字比上财年同期有所增加。坐落在中缅边境的木姐口岸是缅甸最大的边境贸易点。据缅甸商务部统计，截至 2016～2017 财年 4 月底，缅甸边贸额出口增加，进口减少，边境贸易额仅有 1.9026 亿美元，而上年同期为 2.1448 亿美元。

根据缅甸国民发展第二个五年计划（2016～2017 财年至 2020～2021 财年），缅甸政府拟在包括佤邦地区在内的边境地区新开设 7 个边贸口岸，以促进同中国、泰国和印度等邻国的边境贸易。这 7 个边贸口岸包括：眉色（Maese）、汤德兰（Htantalan）、布勒瓦（Paletwa）、孟拉（Mongla）、班桑（Pansan）、崩波今（Ponpakyin）和布雅东苏（Phayathonzu）。

目前缅甸已有 16 个边贸口岸，包括与中国的 5 个，泰国的 6 个，印度和孟加拉国各 2 个，老挝 1 个。报道称，2016 年 4 月 1 日至 5 月 27 日，缅甸边贸总额为 8.19 亿美元，其中出口 5.3 亿美元，出口产品主要为农产品、动物制品、矿产品和木材等；进口 2.89 亿美元，主要进口日用品及其原产品、投资类商品等。中国为缅甸的最大边贸伙伴，其次为泰国。缅甸商务部贸易促进管理司数据显示，2015～2016 财年 9 个多月内，使用个人贸易卡 ITC 于全国 15 个边境口岸进行的贸易活动，产生总贸易额为 50 亿缅元，而上一财年同时期则为 93 亿缅元，同比减少了 43 亿缅币左右，几近一半。边境贸易口岸在 2015～2016 财年 9 个月内使用个人贸易卡 ITC 进行的贸易活动中，出口贸易额度为 20 多亿缅币，进口贸易额度为 28 亿多缅元。木姐边境贸易口岸主任吴丁耶温称，缅甸政府为打击非法贸易，于 2012 年开始下发个人贸易卡 ITC，政府认为个人贸易卡可以打击存在于边境的非法贸易活动。

二、主要贸易市场

缅甸已与印度、泰国、中国和孟加拉国签署了边境贸易合同。2015～2016 财年边贸总额约达 40 亿美元，已超过本财年指标的一半。缅中边境贸易截止到 2015 年 11 月已达 30 亿美元，比上年同期增长了约 2 亿美元。根据官方统计，缅甸的边境贸易估计占每年贸易额的 1/4，而缅甸每年贸易额约 270 亿美元，中国、泰国、老挝和印度等都是活跃的交易对象，中国在缅甸对外边贸中占据的比重最大。从缅甸商务部获悉，2015～2016 财年前 9 个月，缅甸与东盟其他国家的贸易额为 76 亿美元（进口额为 48 亿美元，出口额为 28 亿美元）。其中，缅甸与泰国贸易额最多，超过了 37 亿美元，其次是新加坡为 25 亿美元，然后是印度尼西亚为 5.73 亿美元，越南为 4.42 亿美元，菲律宾为 0.21 亿美元。据报道，5 年来缅甸与东盟其他国家的贸易情况是：2011～2012 财年为 86 亿美元，2012～2013 财年为 84 亿美元，2013～2014 财年为 110 亿美元，2014～2015 财年为 120 亿美元，2015～2016 财年前 9 个月（至 2015 年 12 月）为 76 亿美元。

据缅甸商务部公布的消息，缅甸与美国在 2015～2016 财年前 10 个月贸易总额为 2.05 亿美元，其中缅甸对美国的出口额为 6800 多万美元，美国对缅甸的出口额为 1.37 多亿美元。而 2014～2015 财年，缅甸和美国之间的贸易额为 5.5 亿美元。缅甸出口美国的主要产品是农产品、水产品、工业加工成品等；美国出口缅甸的主要产品是日用品、投资商品、工业原料等。

2015～2016 财年前三季度，缅甸与欧盟的贸易额为 5.14 亿美元，其中出口 2.94 亿美元。欧盟给予缅甸有关税普惠制待遇。缅甸出口欧盟的商品主要为农产品、动物制品等，从欧盟进口的商品主要是投资领域和项目所需原材料。

第五节　2015～2016 财年缅甸的投资与援助

前吴登盛领导的政府执政时期外商投资额总计达 230 亿多美元，共创造了 35 万个工作岗位，石油与天然气行业投资额达 50 多亿美元，其余工业领域投资额为 47 亿美元。进入缅甸投资的外商中，最多的国家为新加坡，达 90 亿美元。

一、国内投资

2016 年 6 月，缅甸投资委员会首次批准了 8 个国内外投资项目，其中 4 项为国内投资项目，4 项为国外投资项目。[①] 投资委同时还宣布，此次批准的 8 个投资项目将能提供 865 个就业岗位。2016 年 7 月，缅甸投资委又批准了 11 个国内外投资项目，其中 4 个是国内项目。7 月 31 日举行的缅甸投资委 2016 年第 14 次会议新批了 3 个国内外投资项目，其中的甘道基昂山公园海洋馆项目是缅甸本国公民投资。投资委网站还披露，上述项目在征求相关部门、组织和省邦的意见后才予以核准，3 个投资项目可提供 1874 个就业岗位。

二、国外投资

2015～2016 财年，海外对缅甸的直接投资额同比大幅增长 18%，增至约 94.81 亿美元，创下历史第二高水平，[②] 对石油和燃气相关领域的投资成为拉动投资增长的引擎。由于民盟政府的上台，国际上对缅甸经济增长的期待出现升温，来自海外的投资开始涌入。

从各领域的投资额来看，首先投资额最高的领域为石油燃气领域，占整体的 51%。包括中国的资源商社广东振戎能源在缅甸南部土瓦建设大型炼油厂，荷兰皇家壳牌公司等欧美资源巨头在印度洋上的海上矿区开发投资。其次为通信、运

---

① 缅华网，http://www.mhwmm.com/Ch/NewsView.asp? ID=20763.
② 新华网，http://www.xinhuanet.com.sg/2016-04/21/c_128918078.htm.

输领域的投资，占整体的 20%。2014 年之后进驻缅甸的挪威电信公司（Telenor）和卡塔尔电信公司（Ooredoo Telecom）等海外移动运营商在缅甸建设基站，对通信基础设施建设的投资出现增加。最后是对制造业、房地产和电力等领域的投资。

从各国对缅甸的投资额来看，新加坡占整体投资额的 45%，位居首位，各国的企业经由新加坡的金融子公司进行投资的案例很多。排在第二位的是中国，占整体投资额的 35%，中国对缅甸的直接投资额猛增至 2015 年度的 6 倍。日本对缅甸的投资额增至 2.6 倍，从 2015 年度的第 11 位上升至第 8 位。[1]

在 2015 年 11 月的缅甸大选中，昂山素季率领的全国民主联盟（NLD）大获全胜，3 月底，时隔半个世纪的文人政权上台。政治状况的大幅改变，使海外投资顺利推进。在政权更迭之前，来自中国的投资申请接连不断，3 月的投资额占到 2015 年全年投资额的 40%。

2015～2016 财年前 8 个月（2015 年 4 月至 11 月底），来自中国、印度、日本、马来西亚、新加坡等国家和地区的企业对 129 个项目进行投资，投资额约达 40 亿美元，其中以新加坡的投资额最多。尽管不少外国企业对缅多个领域进行投资，但在畜牧与水产、农业等领域则没有投资。

中国企业在缅甸共获得了 29 个水力发电站项目开发权，由缅甸政府与中国政府正式确认，将在民盟新政府执政期内进行开发。缅甸电力局和中国长江三峡集团签订协议开展风力发电业务，该风力发电业务已经完成业务化调查，结果显示良好。

三、外来援助

2015 年，东南亚和南亚部分地区持续暴雨，洪水泛滥成灾。在缅甸全国共 14 个省区中，有 12 个省区受到暴雨的侵袭。

联合国难民署发言人爱德华兹表示，缅甸民众急需得到庇护所、粮食、卫生以及饮用水方面的支持。此外，交通、电力和通信基础设施已经被破坏，如何进入受灾地区实行援助是一个重大挑战。自然灾害使得缅甸人民的生活水平遭受了

---

[1] 新华网，http://www.xinhuanet.com.sg/2016-04/21/c_128918078.htm.

侵害，也使得缅甸的经济发展遭受了打击。为此，国际上对缅甸进行了多方面的援助。

2015年2月22日，中国政府援助缅甸受洪灾地区民众的一批活动板房运抵缅甸，交接仪式当天在仰光迪拉瓦港举行。此次中方援缅的活动板房共1160套，价值3000万元。这是缅甸上年遭遇洪灾后中方向缅方援助的第三批物资。中方还将派遣技术人员赴缅对活动板房进行示范安装。

2015年8月1日以来，中国万宝公司下属的缅甸铜业公司负责人和员工走访灾区，号召公司全体员工为灾民募捐；每日为灾民捐助食品和提供饮用水；采购竹竿、雨布帮助灾民搭建临时住所；组织医疗队为灾民开展医疗服务。

2015年8月4日，缅甸发生特大水灾以来，第一支抵达的国际救援队——中国蓝天救援队到达缅甸。蓝天救援队是应中缅友好协会的邀请抵达缅甸参加救灾。次日，蓝天救援队第一批10名队员赶赴缅甸重灾区开展救援工作。

经中国驻缅甸使馆协调，中国气象局自2015年8月7日起向缅甸气象水文局提供缅甸天气趋势预测数据。在缅甸遭受自然灾害侵袭期间，中国气象局应急减灾与公共服务司组织国家气象中心、国家气候中心和国家卫星气象中心的专家就缅甸暴雨形势进行了预报和评估。中国气象局与缅甸气象水文局有长期良好合作关系，2014年12月，由云南省大气探测技术保障中心承担的中国援建缅甸气象观测站建设项目通过验收。该项目完成了仰光、曼德勒、莫宁、稍埠、昔卜5个自动气象站和仰光、曼德勒2个GPS/MET水汽站的建设，有效地促进了中国云南与缅甸气象部门的技术合作交流，对提高我国西南地区灾害性天气监测和预报水平具有积极作用。2015年1月，由中国国家气象中心和国家气象信息中心人员组成的技术团队赴缅甸气象水文局进行CMACast集成系统巡检维护及培训，为缅甸CMACast集成系统的运行和接收数据应用提供了全面的技术支持，受到缅甸气象水文局领导和工作人员的一致好评。

2015年12月30日，缅甸联邦共和国与中华人民共和国在内比都国家企划与经济发展部就经济与技术协作事宜举行了合作协议签署仪式。该协议的签署将让缅中之间的友好邦交关系进一步加强，中国将对缅甸洪涝灾害重建工作、国家卫生与药品项目以及其他社会经济发展项目给予进一步帮助。

2016年8月，缅甸国务资政昂山素季访华期间与中华人民共和国国务院总理李克强进行会谈，中国承诺援助缅甸 10 亿元，用于缅甸国内卫生、教育、农业、发展边境地区推进和平进程等领域。

2016 年 7 月 25 日，美国国家安全副顾问本·罗兹出访缅甸时表示，美国将为缅甸额外提供 2100 万美元的经济援助，以此带动缅甸经济发展，提高缅甸经济长期发展的能力。

2016 年 8 月 28 日，日本政府决定向缅甸提供 1000 亿日元贷款，主要用于铁路和下水道等基础设施建设。这是民盟政府上台以来，日本政府首次向缅甸提供日元贷款。日本政府计划在经济援助方面抓紧与缅甸新政权加强关系。

国际红十字会方面，该组织在 2016 年 3～5 月已经在缅甸让 10000 名受掸邦北部和南部冲突影响的民众获得了现金和基本生活用品等援助。若开邦、掸邦和克钦邦非政府武装控制地区的 10 家医院获得了援助，人们得以获得更多优质的医疗服务。14000 多人可以更便捷地使用水资源和卫生设施。缅甸监狱管理局采纳了红十字国际委员会的建议，成立了一个新的工程科，以制定国家基础设施标准。1600 人对地雷和其他未爆炸武器的危害有了更深入的了解。约 1400 名肢残人士在帕安和曼德勒的两家由红十字国际委员会支持的假肢康复中心接受治疗，行动能力得以恢复。联合国世界粮食计划署将会对缅甸的资助计划延长到 2017 年末，尽管当前的资助金额减少了 4000 万美元。

第六节　缅甸未来经济展望

昂山素季主导的民盟政府上台后，缅甸经济开放有望迎来新时代。民盟政府已与多国政府接触，争取国际援助，引导私企投资，以期达成理想的经济发展目标。

分析人士指出，中缅贸易占缅对外贸易总额超过 1/3，作为缅甸第一大贸易伙伴，中国将继续对缅甸经济提速发展起到积极的带动作用，两国未来互利合作有巨大的空间和潜力。中国也是缅甸最大的外资来源国，中国投资占缅甸吸引外资总额的比重接近一半。

尽管缅甸发展前景看好，但也有专家指出，缅甸要在经济上实现有品质的高速增长，需要警惕和克服已经暴露出来的一些运营和结构问题。首先是房地产泡沫较为严重，仰光等大城市房价已与一些发达国家持平，不少人选择投资房地产，而不愿投资实体经济。其次，缅甸工业相对落后，主要出口产品为天然气和农产品等初级产品，缺少高附加值的加工产品出口，国际贸易逆差长期存在。

总体来说，缅甸未来的经济形势还是乐观的。2015～2016 财年经济的放缓，是因为有洪水等自然灾害的影响，以及全国处在选举周期和政治更迭问题的挑战所致。缅甸的经济增长在 2015 年只有 7.2% 左右，这个数字与缅甸近几年的 GDP 增长率来说可谓相当低。世界银行发布了名为《缅甸经济观察》（*Myanmar Economic Monitor*）的专题报告。报告指出，近两年来，缅甸宏观经济稳定，实现了强劲增长，经济增速在整个东亚及太平洋地区处于领先位置。在过去的 2015～2016 财年，缅甸经济的增长比以往面临了更多的压力。受到此前洪水灾害的影响、选举年新增投资的放缓以及中国经济放缓对缅甸 2015 年的经济形势也有一定的影响。

放眼观察缅甸周边的国家，中国正面临着经济增长放缓以及经济转型的新常态，这将对缅甸的经济增长产生一定的负面影响，但印度与东盟这些国家和地区都有着相当强的经济活力。如果缅甸可以加强与周边地区尤其是泰国以及其他东盟国家以及印度的联系或经济往来，缅甸将从中受益。同时，缅甸需要继续加强与中国往来，搭上"一带一路"倡议的快车，与中国合作共赢，实现经济互补。缅甸选举出新政府之际，命运多舛的密松大坝工程之前景可能会逐渐明朗。在该项目搁置期间，中国政府和投资者们也在学习与这个更加民主化的邻国的相处方法。中国政府与缅甸全国民盟领导人昂山素季进行了会晤，多个领域的频繁双边会谈也提上了日程。缅甸—中国电力委员会的成立将成为中国在缅甸丰富资源方面投资的关键机构和解决密松难题的可能性平台。中国最近闭幕的第一届澜沧江—湄公河合作（LMC）峰会也将给中国在该地区的态度转变和制度建设工作提供一些启发。

关于基础设施行业如电力、人力资源和运输连接是对私营部门挑战较大的行业，缅甸政府应该重视这些领域的升级。显然，在缅甸改善基础设施的需求非常强烈。据亚洲开发银行估计，到 2030 年为止，在以上领域实现约 120 亿美元的投资是必要的。这些资金能部分地从合作伙伴筹集，如世界银行和各级政府的资金，以及中国倡导的亚洲投资银行。因此，缅甸将需要通过私人渠道的融资去实施一些项目。缅甸政府需要给世界提供一个开放的、透明的，并且能够吸引外国投资者进来的商业环境，他们将帮助缅甸建立发电厂、收费公路、港口以及其他类似的基础设施建设，然后就必须腾出政府资助作为教育和其他社会部门的支出。第二产业尤其是制造和加工业从长期来看将会成为缅甸经济增长的支柱。就具体政策而言，缅甸目前规划的经济特区将会为吸引制造和加工业投资带来助力。但值得注意的是，这类经济特区本身需要的发育时间也不短。

来自于宏观经济的挑战方面，这个问题显然是要保持财政的稳定，以确保赤字是合理的，先达成不到5%的基本目标，并采取更加积极的通胀管理。这将需要缅甸中央银行加强自主性和使用有效的工具，并在国际储备造成外部冲击的情况下，打造一个缓冲区。

民族问题也是缅甸在实现经济腾飞中的一个不可忽视的问题，其中包括少数民族武装冲突，对于所有投资者来说，国家的稳定显然是非常重要的。这是一个为外国投资者到缅甸进行投资活动的基本条件。

和平在少数民族地区是非常重要的，从社会发展框架出发，这些领域的发展将推动整体经济，这是大的议程，比如改善对外商投资和私营部门的法律和监管框架。这表明完善的公司法是非常重要的一部法规，缅甸需要把重点放在教育和培训上。缺乏熟练劳动力是在缅甸做生意的最大障碍之一。在缅甸的许多年轻人缺乏正规教育和英语语言能力，使他们对很多工作不适合。另外，经验熟练的工人通常在国外找到有吸引力的薪水工作。留在国内的高素质工人则要求高工资。目前，信息技术、电信和银行部门的人力资源严重短缺。有很多业务部门需要工人的职业技能，其中销售和会计是处在高需求的段位。金融行业需要发展、资金和人才，缅甸政府和企业可以进行一些合作，为人才的培训提供资金和教育的服务。如果顺利的话，来自外国的投资将可以为缅甸提供更多的就业、更高的收入和出口额等，这将有助于缅甸宏观经济的稳定。

缅甸自然资源和历史文化资源丰富，劳动力成本低，地处经济发展最具活力的地区，但经济发展水平落后，仍是世界最不发达国家，因此具有很大的发展潜力。随着民盟政府改革的推进和民族和解政策的实施，西方国家逐渐解除了对缅甸的经济制裁，为西方资本进入缅甸扫清了法律障碍；同时美国也对缅甸的制裁进行了一定程度的降低。民盟政府的改革还初步释放了经济上的发展潜力，并改善了国外资本在缅甸的投资环境，从而激发了外国投资者，特别是西方投资者的投资热情；包容、可持续发展战略以及鼓励出口多样化的政策，使得各国资本在未来对缅投资的领域呈现出多元化发展态势。

第四章 安 全

本章主要概述了缅甸国内面临的主要安全问题和安全威胁，并解析了各类安全问题的影响尤其是对中国的影响，也探索了可能的对策和措施，包括各派民地武势力及其对国内安全和稳定的影响，民族和解进程最新动态及未来发展趋势，宗教极端主义与罗兴亚难民问题及其产生的影响，以及缅甸禁毒态势和对中国的影响及中国的对策。

第一节 安全概况

一、缅甸民地武装问题与缅北安全概况

自第二次世界大战后缅甸正式独立以来，其一直处在持续不断的内乱当中。直至 1989 年当时的政权垮台，缅甸军政府与主要民族武装达成初步和解，才进入了 20 年相对和平的时期。尽管这 20 年间依旧充斥着零星的分裂武装作战以及民地武装之间的局部冲突，但总体而言，国内大的形势还是相对稳定的。但随着 2008 年《宪法》的颁布，前期的民族政策被彻底抛弃，以 2009 年 8 月的果敢事件为标志，缅甸军政府与全国各地的武装势力冲突再起，持续至今。近几年来，缅甸的国内形势稍显稳定，但局部冲突仍旧不断，缅北战事时刻牵动着中国及其他邻国的心弦。2011 年，缅甸军政府彻底退出历史舞台；2015 年，缅甸政府同

15 个武装组织签署了停战协定，但因并未涉及到少数民族地方一直寻求的完全自治问题，这也为今后的冲突埋下了伏笔。2016 年 11 月 20 日，克钦、德昂、果敢、若开等几支民族武装组织同时对政府军驻地发起进攻，新一轮的缅北冲突全面展开。

二、宗教极端主义与罗兴亚难民问题概况

缅甸是一个拥有众多宗教信仰的国家，但信仰佛教的占到 87% 左右。缅甸的宗教极端主义所导致的宗教争端主要集中在佛教徒与其他宗教信仰人群，尤其是与穆斯林信徒的冲突上。2012～2016 年，缅甸共发生过 8 次大的宗教流血冲突，造成大量的流离失所者，除此之外，众多的房屋、社区被毁坏，可以说宗教冲突是阻碍缅甸政治转型的一大主要障碍。

罗兴亚难民问题在缅甸国内已持续多年，当局政府也因此问题而备受周边国家及联合国的指斥，但纵使如此，各届缅甸政府在对待此问题上都未做出丝毫让步。2015 年 5 月，在一次大的罗兴亚难民潮爆发时，昂山素季被问及此问题时采取了回避的方式，而在其欧洲访问期间被问及罗兴亚人是否属于缅甸国民时，她的回答却是简单的"我不知道"，可见此问题的根源及影响之深。

三、当前缅北禁毒态势与挑战概况

缅甸毒品问题由来已久，可以最早追溯到英国殖民期间，"二战"及缅甸独立期间战争冲突的不断，使得毒品问题进一步失控。近两年来，缅甸新政府积极地应对毒品问题的挑战。2016 年，制定保证国民安全的"百日计划"，各省邦也在积极地打击毒品犯罪，取得了很大的成效。我国与缅甸山水相连，特殊的边境地理条件使得当前边境地区的毒品问题屡禁不止，严重扰乱我国正常的社会治安，也造成了相当多的犯罪事件。

第二节　缅甸民地武问题与缅北安全

一、缅甸国内民地武问题概述

（一）缅甸民地武的基本概况

缅甸自 1948 年独立以来，由少数民族组建的民族武装与缅族为主的中央政府之间矛盾重重，对峙问题严重，影响范围广泛，持续时间长久，反射出缅甸民族冲突的历史渊源和复杂性，是制约当今缅甸国内政治安全、经济稳定与健康发展的重要因素。缅甸民族冲突主要集中在缅北地区，目前缅北地区主要有克钦独立军、果敢同盟军、佤邦联合军、掸邦东部同盟军、南/北掸邦军、德昂民族解放军等民地武的势力派别。

克钦独立军是现阶段缅北地区最主要的反政府武装之一，其实际控制区域包括克钦邦北部与中国云南省德宏州、宝山地区、怒江州相邻地区及缅印边境地区。克钦独立军的主要领导人有克钦独立组织主席宗卡、克钦独立组织副主席兼军事委员会主席翁班腊、克钦独立军总司令甘双、克钦独立军副总司令甘茂等。克钦独立军现有武装力量 8000 余人，另有说法称有约 1.5 万人。

果敢同盟军，即"缅甸民族民主同盟军"，是一支以缅甸果敢族（汉族）为主组成的地方武装势力。2009 年 8 月前，其辖区称为缅甸掸邦第一特区，即果敢特区。2014 年 12 月，果敢同盟军彭家声部再度复出，继续加入到反政府武装行列中。目前，重新组织起来的果敢同盟军彭家声部宣称有武装力量约 2000 人。

佤邦联合军是缅甸最大的民族地方武装，其辖区为掸邦第二特区。佤联军总司令为鲍有祥，但如今由于身体原因，军中日常工作多由佤邦联合军副总司令赵忠丹和总参谋长赵国安主持。目前，佤邦联合军总兵力约 4 万人，另外有民兵约 6 万人，是与政府关系最密切的民地武之一。

南掸邦军现今控制缅甸东北部的掸邦大部分地区，总部设在傣亮山。南掸邦军领导人为昭耀世。目前，南掸邦军有武装力量约 7000 人，北掸邦军有武装力量约 3000 人。

德昂民族解放军活动区域为掸邦北部，总司令为达霍巴朗，总书记为达鹏觉，现有兵力主力 1300 人左右。因地缘关系，其主要盟军为克钦独立军、北掸邦军及果敢同盟军。

（二）缅甸民地武问题的形成与发展

缅甸的大统一历来受限于中央政府对缅北地区和少数民族的忽视。19 世纪英国对缅甸的殖民统治采用分而治之的策略，有意加强对少数民族的关注，提高他们的地位，成为日后民族冲突的历史渊源之一。1947 年《彬龙协议》的签署旨在摆脱英国殖民统治，由此推进了建立缅甸联邦的进程。然而《彬龙协议》虽书面上认可山区内政自治权及少数民族的退出权，但并没有执行落实。缅甸联邦制也从此夭折。缅甸东部、北部常年处于冲突内战中。1988 年新军人政府上台后致力于与少数民族地方武装（以下简称民地武）签署停火协议，内战局面有所控制，但仍时有发生。

（三）缅甸民地武新联盟

2011 年 2 月由 11 支民地武改组成立的民族联合联邦委员会（UNFC）提出建立缅甸联邦和联邦军（FUA），旨在保护少数民族地区，并欢迎不同层面的民地武加入，并代表所有民地武与政府谈判，组织召开内部专题会议，以及加强与委员会外部民地武及政党联盟的沟通联系。民族联合联邦委员会的成立标志着缅甸民地武新联盟以及最大的少数民族阵线的形成。

二、2015～2016 年缅甸民族和解进程最新动态

（一）成功签署全国停火协议

2015 年 10 月，由缅甸中央政府与 8 支民地武共同签署了划时代的全国全面停火协议（NCA），旨在缓解民族矛盾和地方冲突。值得一提的是，势力强大的与中央政府分歧较大的民地武比如克钦独立军、果敢同盟军等并未参与全国停火协议的签署，而参与了签署全国停火协议的民地武也有可能背弃承诺，加之政府军的强势干涉，可见缅北地区的安全隐患依然存在。2015 年 11 月，国家和平谈判联合委员会（UPDJC）成立，委员会由政府、民地武、国家政党三方共同组成。2016 年 1 月来自政府、各派政党、民地武、观察员以及相关利益组织的成员

近1100人出席了缅甸国家和平大会（UPC），取得了和平进程的阶段性成果。而无论是全国停火协议，还是和平进程都缺乏强有力的政治框架的保障，无法承担起保障缅甸国家安全和内在和平的重任。

（二）举行21世纪"彬龙会议"

2016年4月，主导缅甸政府民族和解与国内和平事务的昂山素季在缅甸停火监督委员会会议上首次正式提出举办旨在实现永久和平、造福于民的21世纪"彬龙会议"。此次会议将继承昂山将军签署的《彬龙协议》精神，希望不仅实现国家与众民族之间的和睦相处，也在各民族之间实现和睦相处，满足少数民族的诉求，缓解民族矛盾。7月5日，昂山素季出席21世纪彬龙和平大会筹备委员会会议。在会议上，她向与会者强调说，"我们要邀请所有与和平事业有关的人士参加和平大会"。所有民族武装组织都可以参加21世纪彬龙会议，包括签字组织和未签字组织。未签字组织可以在彬龙会议上发表观点，然而只有签字组织可以投票表决。此外也只有签字组织才可以加入联邦和谈联合委员会（UPDJC），未签字组织必须在全国全面停火协议（NCA）原则内商议。会议还制定了关于召开和平大会的相关政策，包括为了给在大选中连一个选区都没有获胜的政党获准参加和平大会而放宽部分规定；为了未签署全国全面停火协议的民地武装能参加和平大会寻找解决方法；有关和平事业的基金将由民族和解与和平中心（NRPC）管理等。

缅甸全国民主联盟在大选中获胜后，为了实现国家和平，积极团结各方势力，希望建立以团结为基础的和平，并通过和平建立富强的国家。然而，2016年民盟上台后缅北的战事并没有停止，6～7月，德昂民族解放军与南掸邦军、缅军之间的战事不断。由于缅甸国内民族矛盾的历史渊源和长久性，彻底解决缅甸国内民族冲突仍需要一个漫长的过程。

三、缅甸民族和解进程面临的问题和挑战

1. 缅族与少数民族的历史矛盾和对峙牵制着民族和解进程

长久以来缅族的统治地位与少数民族的相对劣势和被忽视形成了鲜明的反差，而各派势力之间的对话缺乏成效和融合机制。处在边缘化格局中的少数民族被隔离在尚在雏形的缅甸中央集权管治范围之外，对峙局面历史悠久。在英国殖

民时期少数民族地位有所上升，独立后又回到被冷落的状态，这期间的落差更是加剧了少数民族的不安全感和对国家的不信任。缅族和少数民族在政治、经济、文化等各方面的不平等若得不到根本解决，民族和解的进程就难以向前迈进一步，国家各派系的统一、权力的趋于集中以及各族人民的凝聚力和认同感就难以真正实现。

2. 少数民族的区域自治诉求以及自我利益维护与中央政府的阻挠之间的矛盾积怨

由于常年内战，历史积怨和民族矛盾冲突，少数民族和中央政府之间的利益诉求存在根本差异。中央政府强力推行的民族同化政策，诸如统一宗教信仰，统一语言和文字等无法兼顾到少数民族区域自治的愿望。少数民族在选举、当政、言论和出版等方面的权益的劣势地位加深了其与中央政府间的不信任和矛盾积怨，也激发了其自我当政、区域自治的绝对利益维护诉求，从另一方面来讲，这也促成了民族分裂的态势。

3. 缅甸军队势力割据

缅甸各派势力均自我组建军队，为自我区域安全和利益服务，形成了复杂的军队势力割据局面。一旦利益分歧发生，军队冲突和派系战争在所难免，劳民伤财。加之军队编制混乱，缅甸政府对军队改编无力，派系协商缺乏有效机制，深化了民族矛盾甚至导致民族战争的危机。

四、缅甸民族和解进程展望

缅甸民盟新政府于2016年4月正式执政。从民盟方面来讲，希望提高执政能力，通过促进民族谈判和解以及推进和平大事业，结束内战混乱局面，为执政党建功立业，奠定统一大业以及和平发展基石，争取连任机会。另外这将会挑战军人集团的地位和存在意义，并触及军人集团的既得利益，这是军方所不愿意看到的。军人集团是否配合民盟政府推进和平进程值得观察，未来民族和解进程可能存在两极化的趋势。

一方面可能的局面是，民盟主导统一进程不力，缅军争强好斗，民地武新联盟更加激进，势力壮大，形成分极化的社会架构，即中央政府的相对民主和少数民族落后自治的极权统治并存的局面。缅军背信弃义的做法会推动民地武的联合和壮大，民地武新联盟极有可能统一各派势力，尤其是缅北地区团结起来，扩军备战，共同抵抗缅军挑衅。

另一方面可能的局面是，民盟也有可能不负众望，积极推进民族和解进程，促使缅军站在国家大业和民族统一的高度有效合作，同时在民地武方面构建其对新政府的信任，强化沟通机制，兼顾地方和区域利益，形成多党派合作局面，将民族和解进程推向一个新的历史阶段。

第三节　宗教与难民问题

一、缅甸国内宗教总体概况

（一）缅甸宗教基本情况

缅甸是一个多宗教信仰的国家，有1000多年的佛教历史，主要族群缅族信仰佛教，而其他少数族群都有不同的宗教信仰。佛教对于缅甸的国民乃至国家都有着深刻的影响，佛教训条不仅是大众判断是非的基本准则，也是政治家行事的基本原则。根据2014年国家人口普查，正式调查到的人口有50279900。其中87.9%的人口信奉佛教，6.3%的人口信奉基督教，4.3%的人口信奉伊斯兰教，0.5%的人口信奉印度教，0.8%的人口信奉多神教，0.2%的人口信奉其他宗教，0.1%的人口无宗教信仰。①

（二）缅甸宗教相关法律法规

缅甸是一个以佛教徒为主的保守国家，早在1960年吴努时期曾将佛教定为国教。1900年，缅甸政府为加强对僧侣和寺院的控制以及限制佛教干扰政治颁布了《僧侣组织法》。

2015年，缅甸的《种族和宗教保护法案》中四项法案，包括《转变宗教

---

① 缅甸佛教徒数量正在减少！而伊斯兰教徒在增加！［N/OL］. 缅甸"金凤凰"（中文报），ht-tp：//www.mmgpmedia.com/local－news/16000.

法》、《缅甸佛教妇女特别婚姻法》、《一夫一妻制法》和《人口增长的卫生保护法》经联邦议会通过正式颁布，此法案包括限制混合婚姻、限制信仰皈依以及控制家庭人口等方面。法案有一系列严苛的规定，比如想更改宗教信仰的人必须办理十分烦琐的审批手续；女佛教徒与其他宗教信仰男性结婚须得到地方当局获批，在没有任何人反对的情况下才能结婚，一旦触犯法规将获刑入狱。法案颁布之前，缅甸抗议活动不断，不同宗教社团抗议法案严重侵犯了宗教和谐和女性权益，仅为少数人政治目的而存在。

二、玛巴达

（一）玛巴达的成立

缅甸种族宗教保护联合会（根据其缅语发音简称为"玛巴达"）于 2014 年 1 月 15 日在曼德勒成立，其宣称的宗旨是为了保卫缅甸的南传上座部佛教。但是真正的目的是对抗缅甸佛教最高领导机构——缅甸国家僧团大导师委员会（根据其缅语发音简称为"马哈那"），这个机构的人员由缅甸联邦政府任命。

虽然玛巴达名义上的主席是蒂洛卡毕万萨长老，但是台前的首脑人物是现年 48 岁的僧人维拉都。2001 年，他由于支持并领导了一些激进的运动而声名鹊起。2003 年曾因煽动宗教仇恨被判有期徒刑 25 年。吴登盛政府上台后，维拉都于 2012 年 1 月同多名政治犯一起被释放。2012 年 9 月，维拉都领导了僧侣集会公开支持吴登盛总统做出的一些难民政策的决定。

（二）玛巴达的影响

玛巴达最近几年兴起并在缅甸公开的政治舞台上表现得十分突出，这一组织得到巩固与发展党的支持。2015 年，维拉都以及所属的极端僧侣协会（玛巴达）在巩发党的支持下，起草并成功通过了《保护种族与宗教法》，此法案严格更改宗教信仰的要求、限制跨宗教婚姻、限制生育。其后，在 11 月举行的议会大选中，玛巴达呼吁民众投票支持巩发党，然而巩发党最终还是败选了。此宗教组织在政治舞台上的活跃已经直接干预到国家政治法律的发展，其行为带着一定的政治目的。

（三）缅甸新政府打击宗教极端主义

2016 年 4 月，民盟新政府上台后已经开始着手处理缅甸内部的顽疾，在 7 月做出的一系列举动都表明了其对于宗教极端主义的态度。7 月 3 日，仰光省省长漂明登在新加坡的一次公开演讲中说"缅甸已经有了马哈那（全国僧团大导师委员会）负责宗教事务"，这是民盟政府官员首次公开反对宗教极端组织。此次演讲体现了缅甸新一代政治家的包容意识，即文化包容和宗教包容是缅甸社会能够顺利前行的基石。而宗教极端主义已成为缅甸民主转型和平道路上的一块绊脚石，所以必须要及时清除。

7 月 8 日，民盟中央执委温腾对媒体表示，"政教必须分离，我们反对以宗教为借口谋取政治利益，或者将政治宗教混为一谈"。此番言论是针对玛巴达于 7 月 7 日发表的声明，该声明要求民盟政府在 7 月 14 日之前对漂明登采取惩罚行动。9 日，缅甸联邦文化与宗教事务部部长吴昂哥对记者说，漂明登有言论自由，政府不会因言治罪。12 日，马哈那发表声明支持漂明登的言论，该声明说，"从 1980 年到 2014 年，缅甸共举行了 5 次全体僧众大会，没有任何一次大会有任何决定要成立玛巴达组织。根据《僧团组织章程》，缅甸联邦共和国只能有一个僧团组织"。14 日，吴昂哥在马哈那大会上总结发言说，"玛巴达必须停止散布仇恨言论，不然将面临法律的制裁"。

宗教极端组织遭受以上连环打击，这在一年前是无法想象的。然而，相关的宗教极端主义运动不会很快消失。打击宗教极端势力是民盟新政府执政 100 日以来让人最为鼓舞的亮点，新政府的官员敢于拿相关组织开刀，也敢于大力提倡宗教宽容，反对仇恨言论，这是新气象的开始。

三、罗兴亚难民问题

（一）罗兴亚人的基本概况

缅甸境内的罗兴亚人主要集中在缅甸西南部，与孟加拉国接壤的若开邦北部的孟都和布蒂洞地区，这两个地区被横贯若开的加拉丹河隔离开。整个若开邦被若开山脉隔离成独立的地理区域，形成了罗兴亚人天然的地理屏障和居住领地，与此同时也成了缅甸的边缘地带。

对罗兴亚人的身份来源历来各种观点争持不下，并带着浓厚的政治色彩和身份认同歧视。国际学者相对中立的观点认为，今天的罗兴亚人是在 8 世纪来到若开一带的阿拉伯穆斯林与当地人以及后期进入当地的各族人交往融合而逐渐形成的。罗兴亚人的国籍并不被缅甸政府所接受和承认，加之夹杂在民族冲突、宗教纷争的洪流中，罗兴亚人生活艰难，多数人无法获得合法公民身份。

（二）罗兴亚人问题的由来

罗兴亚人问题由来复杂，既有英国殖民时期的遗留问题，也有宗教信仰不同带来的冲突。罗兴亚人的尴尬地位既不被其他缅甸少数民族所接受，认为他们是非法移民，占大多数人口比例的缅族佛教徒也不愿接纳他们，更是被历届政府否认其缅甸公民身份。不过新政府已有迹象要致力于改善这种局面。2016 年，新上任的民盟政府国家顾问昂山素季也公开要求不要使用"罗兴亚"这个称谓，这也代表了新政府的一种态度。

（三）罗兴亚人问题的影响

罗兴亚人问题不仅是缅甸国内伊斯兰教和佛教之间冲突的导火索，在国际社会和跨国关系上也产生了一系列影响。关于罗兴亚人的遣返和难民跨国界迁移逃亡的问题牵扯了缅甸、孟加拉国、泰国、马来西亚和印度尼西亚等国的多边关系。同时极端组织通过招募罗兴亚人，势力不断扩张，威胁着缅甸、孟加拉国、印度等国边境的安全。

第四节　当前缅北禁毒态势与挑战

一、缅甸毒品问题概述

英国殖民时期就开始在缅甸大规模种植罂粟，"二战"以及缅甸独立期间，各派势力冲突，毒品问题也随之失控，甚至演变成各派军队势力的后备救济和主要经济来源。后来毒品规模的扩大逐渐走向国际市场，出现大大小小的贩毒集团和团伙。边境贩毒活动已波及到毗邻国家如中国西南和印度东北部的安全局势，危害社会健康和稳定。

缅甸毒品种植规模的扩大、种植和生产技术的提升导致其产量持续上涨，已引发国际组织的高度关注和警戒。联合国毒品与犯罪问题办公室（UNODC）发布报告称，2015 年缅甸的鸦片产量大致为 647 吨，约占全球鸦片产量的 14%，是世界鸦片种植产量第二大国，仅次于阿富汗。而集中种植区缅北地区为各派民地武地盘，并为民地武装军费提供经济支持。而缅、泰、老交界"金三角"地区是罂粟的主要生产、加工和集散地，也是毒品运输的重要通道。

二、缅甸新政府应对毒品问题的挑战

缅北地区毒品种植屡禁不止，与当地的经济现状和民族冲突密不可分。缅北地区民族冲突不断，实体经济发展受阻，生活水平低下，而种植罂粟能获得相对较高的收入回报。缅北大部分烟农选择种植罂粟来维持生计，这一行为也被各派势力所默许甚至鼓励，成为军备武装的主要经济支撑手段，为维护各自权势、领地和利益服务。民地武和各派势力的纵容、参与与支持也是国际社会和周边各国联合严厉打击"金三角"毒品种植却不见成效的原因，甚至成为缅北地区毒品种植高产的驱动力。中国政府试图引导当地居民开展农业经济作物的替代种植，开发其他的替代产业，从根源上解决毒品泛滥的问题。然而这一方案频频受阻，面临诸如当地居民的抵触情绪、技术方法的限制、民族冲突所带来的不稳定的农业环境等的因素制约。

缅甸新政府也下定决心大力治理毒品问题，2016 年内政部军方制定"保障国民安全"的"百日计划"，在缅甸警察部队的安排下，各省邦已展开打击毒品行动，并取得一定成效。5 月 28 日，警方在掸邦北部查获一起有史以来缅甸第二大毒品案，案值超 400 亿缅元。但百日缉毒计划与毒品种植和生产的规模相比也只是冰山一角，要从源头解决问题，改变将近两个世纪以来缅北烟农对毒品种植的惯性依赖仍是一项长期艰巨的任务。只有当地烟农摒弃利益驱逐，深刻意识到毒品的巨大危害性，积极探寻其他途径并解决基本的生计问题，才能有效地从源头遏制毒品的泛滥。联合国据此提出了"用鸦片制药"的倡议，缅甸政府可以另辟蹊径为烟农寻求一条新的健康的生存之道，与此同时做好对鸦片种植用途的监管，确保其用于生产医用药品。缅甸想要抑制非法毒品活动仍然还有很长的路要走，新政府如何解决各种矛盾仍需拭目以待。

三、缅北毒品问题对中国的影响及应对策略

（一）缅北毒品问题对中国的影响

我国已经从毒品的过境国成为毒品过境与消费的受害国。我国市场上大部分鸦片、海洛因均来自于缅北地区，经由西南边境入境我国，由此危害云南边境地区。截至 2015 年底，全国现有吸毒人员 234.5 万名（不含戒断 3 年未发现复吸人数、死亡人数和离境人数）①，根据世界通行的显隐比例，实际已经超过 1000 万人，全国每年因吸毒造成的直接经济损失达 5000 亿元。云南少数民族聚居，受周围环境影响吸毒人数众多，且呈现逐年增长趋势，贩毒犯罪活动猖獗，非正常死亡、疾病传播问题突出，严重影响了社会治安与稳定。

另外毒品问题所带来的消极影响已渗透到社会、经济和文化生活的方方面面。随着毒品市场的不断扩大，边境的居民参与到毒品活动中的人数也越来越多，吸毒贩毒耗费大量财力、人力，危害个人身心健康、家庭团结，社会经济发展严重受阻。

（二）我国对缅边境毒品问题的应对策略

我国需要集合优势力量联合多部门合作，调动精干力量与缅甸政府通力合作，制定长期有效的联合缉毒机制治理边境毒品问题，建设高素质的缉毒队伍，在必要的情况下寻求东盟或者国际组织区域合作的可能性。与此同时加大违法犯罪惩罚力度，从既治标又治本的角度出发，从技术、资金、人员等方面继续大力帮助缅甸开展罂粟替代种植活动，克服种植技术和方法障碍，从根源上帮助缅甸烟农摆脱贫困，脱离对毒品种植的依赖。另外在云南等毒品犯罪活动的高发区积极引导就业，发展经济，保障人民生活健康水平，从而降低毒品诱惑。

---

① 中国国家禁毒委员会 . 2015 年中国毒品形势报告［R］.

第五章　外　交

本章概述了缅甸目前的大国平衡外交战略的背景及特点，并分析了缅甸外交新时期的侧重点及与主要西方国家、东盟各成员国和南亚各国的外交关系。

第一节　外交概况

昂山素季就任外交部部长后，曾强调缅甸新政府奉行独立积极的外交政策，重视睦邻关系和大国关系，愿与所有国家发展友好关系。2016 年 5 月初，昂山素季陪同缅甸新任总统吴廷觉出访今年东盟轮值主席国老挝，拉开自己在国际舞台的"外交秀"，6 月末又到访泰国。① 从 8 月开始，昂山素季又先后访问了中国、美国、印度和日本，在与大国的外交上表现出"不偏不倚"的态度。

一、缅甸与美国

2011 年 3 月，缅甸采取了一系列的政治和民主改革措施，并举行了国会补选，昂山素季及其领导的全国民主联盟党成功进入国会。之后，美国等西方国家纷纷改变了对缅甸的态度。为了有效实施"重返亚洲"战略，2011 年底，美国

---

① 本财年缅甸水电项目预计吸收外资 30 亿美元［EB/OL］. 缅甸中文网，http：//www. md－zw. com/forum. php？mod＝viewthread&tid＝153799，2016－05－29.

国务卿希拉里·克林顿访问缅甸，为缅美两国恢复正式外交关系奠定基础。

2015 年 1 月 11 日召开第二次美国—缅甸人权讨论会，除和缅甸政府代表讨论有关提升缅甸的人权状况外，也会见民间组织并深入探讨提升人权状况的指标，以及对两国讨论会结果的补充和对缅甸政府提供必要的帮助。此外，两国政府代表团还将法治、言论自由、宗教冲突、维护少数族群权益、若开邦局势、民主与军队改革等议题进行讨论。关于对缅制裁，虽然美国在 2012 年里取消了对缅甸的部分制裁，但仍然阻止美国公司和缅甸军政府的来往，主要制裁项目包括剔除对缅甸贸易优惠国名单（GSP）、禁止售卖武器给缅甸国防军、禁止缅甸宝石直接销往美国。①

美国外交部表示，尽管缅甸成功地举行了民主选举，美国还将继续观察其人权状况以及民主进程状况，2015 年，美国宣布对缅制裁延长 1 年的命令。但随着缅甸政治形势的发展，美国也一直在持续调整对缅政策。2016 年 5 月 22 日，美国国务卿 John Kerry 走访缅甸。奥巴马政府也宣布放宽对缅甸的经济制裁，取消对缅甸 3 家国有银行、7 家木材和矿产国有企业的制裁。2016 年 9 月 14 日，昂山素季以缅甸国务资政的身份访问美国，将应美国总统奥巴马的邀请访问美国。2016 年 10 月 7 日，美国总统奥巴马宣布终止实施针对缅甸的《国家应急法》，解除对缅甸近 20 年的经济制裁。

二、缅甸与中国

中国与缅甸两国是分不开的好邻居，截至 2017 年，中缅两国建交达 67 周年。2015 年 4 月 27 日，中国国家主席习近平在人民大会堂会见了缅甸巩发党主席、联邦议会议长兼人民院议长吴温敏以及巩发党代表团。习近平表示，中缅双方要从战略高度和长远角度看待中缅关系，维护好中缅边境的和平安宁，做好有利于中缅国家发展和人民福利的事情。希望两国从双方人民的根本和长远利益出发，妥善处理合作中出现的各种困难和问题，正确把握两国的合作方向。② 2015

① 昂山素季就任缅甸外交部部长后将首度访问美国［EB/OL］．环球网，http：//world. huanqiu. com/article/2016 -07/9209345. html，2016 -07 -21.
② 美国对缅甸的制裁再延长一年［EB/OL］．缅华网，http：//www. mhwmm. com/Ch/NewsView. asp？ID =11028，2015 -05 -18.

年5月11日，缅甸总统吴登盛在内比都会见了中国国务院秘书长杨晶，双方就推进缅甸工业、能源等方面的合作，发展皎漂市经济特区建设，加强21个海洋陆水联运的互联互通，推进中缅投资和亚洲基础设施投资银行合作展开讨论。①2015年6月10日至14日，昂山素季率领缅甸民盟代表团访华，这是她首次对中国进行访问。②缅甸重量级议员埃貌在接受新华社记者专访时表示，中国倡导的"一带一路"倡议能够给包括缅甸在内的周边国家带来有利发展，并表示欢迎中国"一带一路"的倡议。③缅甸其他党派也受邀访华。2016年2月，团结民族联盟（UNA）中的各民族党派组成的代表团到中国进行为期10天的访问考察。访问团成员共有20位，包括钦、掸、若开等各民族的党派成员。④2016年3月6日，中国驻缅甸大使洪亮称，中国呼吁缅北地区的民族武装组织签署全国全面停火协议，并将在新政府执政期间提供帮助，以期和谈成功。缅甸新任计划与财政部部长吴觉温2016年4月30日接受专访时说，缅甸期待与中国加强互利合作，使双方关系更加坚固。在由民盟组建的缅甸新政府正式成立以后，中国外交部长王毅于4月5日、6日访问缅甸，王毅成为昂山素季上台以来首位会见的外交部长。这也是昂山素季就任缅甸外交部长以来的政坛"首秀"。⑤2016年8月17～21日，担任了缅甸国务资政的昂山素季访问中国，强调两国人民之间的"胞波"情谊，签署了多项合作协议。访问期间并未谈起缅甸少数民族游击队与政府军的冲突给中国边境平民生活造成影响的事件，体现了外交上的务实策略。

三、缅甸与日本

日本对缅甸实行的外交有一个特点，被称为"价值观外交"。日本将缅甸纳

---

① 美国对缅甸的制裁再延长一年［EB/OL］．缅华网，http：//www.mhwmm.com/Ch/NewsView.asp?ID=11028，2015-05-18.

② 昂山素季就任缅甸外交部部长后将首度访问美国［EB/OL］．环球网，http：//world.huanqiu.com/article/2016-07/9209345.html，2016-07-21.

③ 缅甸议员表示欢迎中国"一带一路"的倡议［EB/OL］．缅甸在线，http：//v2.myanmarol.com/News/Article/60671，2015-04-27.

④ 民盟党派代表团访华［EB/OL］．缅甸在线，http：//v2.myanmarol.com/News/Article/63779，2015-05-12.

⑤ 中国外交部部长王毅于4月5、6日访问缅甸［EB/OL］．缅甸在线，http：//v2.myanmarol.com/News/Article/67504，2015-06-05.

入其"价值观外交"体系，迅速恢复对缅关系，全力支持缅甸 2015 年大选和民族和解进程。在对缅甸推行"价值观外交"的过程中，安倍政府坚持建设性干预、重视对话、全方位合作、顾及美国和渐进主义五项原则。在民盟政府上台之后，安倍政府试图以三大支柱为中心加强对缅援助，帮助缅甸制定产业发展规划，建设经济特区，推动日本企业扩大对缅投资，以夯实民盟政府的执政基础，同时也与巩发党、军方和少数民族地方武装等势力展开全方位合作，以密切两国的全方位合作关系，以便最终将缅甸纳入其"自由与繁荣之弧"。①

民盟获得缅甸大选后，日本首相安倍晋三赞扬了在大选中获胜的全民盟主席昂山素季，并邀请其在当前政府过渡时期访问日本。2015 年 2 月 12 日，日本赠送缅甸价值 3500 万美元的铁轨用于缅甸仰光—曼德勒快速铁路的建设。2015 年 2 月 16 日，由日本关西经济联合会会长森详介率领的代表团在缅甸首都内比都与该国总统吴登盛举行会谈，双方就深化相互合作以加强经济关系达成了一致。缅甸的邮政业务原来是集邮政、电报和电话等于一身，由于信息发达，市场需求变化，邮政业务每况愈下，成为一个冷门机构。经缅甸通讯、信息和科技部（MCIT）与日本内政部（MIC）签署意向书，日本将协助缅甸改革邮政业务。自 2015 年 4 月 1 日起，邮政业务将成为一个独立业务，改革后将划分为法律部门、信息部门、市场部门和客户关爱部门等。2016 年 5 月 3 日，日本外相岸田文雄和缅甸国家顾问兼外长昂山素季举行首次会谈，打出了支援民主化的招牌。同时，经过此次会谈，日本决定向缅甸的少数民族聚居区提供 37.58 亿日元（约合 2.3 亿元人民币）的无偿资金援助。②

第二节　缅甸外交政策的演变与特点

在坚持独立自主外交传统的前提下，实现与西方关系正常化，尽早全面解除经济制裁和封锁，努力吸引外来投资并促进经济社会的发展，将是缅甸外交策略的着眼

---

① 日缅外交［EB/OL］. 缅甸在线，http：//v2. myanmarol. com/News/Article/57006，2015 - 04 - 13.

② 原创：UNA 联盟接受中共邀请组团赴华访问［EB/OL］. 缅华网，http：//www. mhwmm. com/Ch/NewsView. asp？ID = 15108，2015 - 04 - 18.

点和最终目的。目前形势下缅甸外交呈现出以下特点：一是进一步融入地区和国际社会，其主要目标是为国内改革和发展创造良好的外部环境；二是从缅甸本国的利益出发，更坚定地走大国平衡的中立务实外交路线，这也是缅甸外交未来的方向；三是争取更多的外来援助和外国投资，营造良好的投资环境将成为缅甸外交最核心的任务。

缅甸民主转型引发西方关注。美国首先调整政策，希拉里·克林顿、奥巴马先后访缅，以美元、美资、美援引诱拉拢，促缅坚定走"民主化"道路。日本及西方各国视缅为经济"处女地"，加大经济合作力度。印度更担心中国经缅入海，引发印度洋沿岸国家"离印"倾向，故将其"东进战略"目标首选缅甸。缅甸内外局势的变化使其从国际"孤儿"变身西方"宠儿"，外交枯棋走活、地缘价值看涨。形势变化亦使该国决策层把持不住战略定力而飘飘然，欲迎合战略焦点变化，重新调整外交格局，多头下注、待价而沽。吴登盛上台那几年，中缅关系出现波动，即是缅方欲变这组"特殊关系"为"正常关系"的外交思想使然。

2003年以来，缅甸开始由暗到明、由内及外地进行全方位改革，其中外交战略的转变尤为突出。回顾历史，缅甸外交战略经历了三次重要变革，并且每次变革都与其内政转变相结合。缅甸民盟掌权后，其外交走向必然成为世界各国关注的焦点。缅甸外交战略从独立之初的"积极主动的中立外交战略"发展到奈温政府的"不结盟外交"，其战略核心是中立。而1988年新军人政府上台后，缅甸外交战略转变为"亲中疏美一边倒战略"，这使得原本就与世界接触不多的缅甸更加闭塞。直到21世纪初，缅甸政府开始极力希望扭转此局面。由军人内部开始了内政外交的综合转变。缅甸自2003年酝酿改革以来，期间不断地向外界传递转变的信号，受到欧美等国的高度关注。2009年起，缅甸正式开始转变，主要表现是积极主动与美国及西方国家接触，同时有意疏远与中国的关系。此外，缅甸积极参与东盟事务，与其他东盟国家增强往来。直到2013年美国总统奥巴马访缅，缅甸外交战略转变取得阶段性成果。此后缅甸内政问题的加剧使缅甸开始反思其外交转变的实际效果和意义，缅甸外交由此进入了徘徊阶段。

推动缅甸新时期外交战略转变的首要因素来源于内部。这次改革是缅甸军人集团主动推行的改革；民地武问题成为改革瓶颈；昂山素季和民盟促进缅甸外交战略转变。此外，美国、中国和东盟对缅甸新时期外交战略转变也起到不同的作用。美国出于其"重返亚太"战略的需要，借助缅甸转变之机对缅政策进行调整，并采取多样化的外交手段，两国关系不断加深。中国在缅甸长期经济活动中出现的问题也是缅甸此次转变的原因之一，但是，缅甸完全抛弃中国的可能性可以排除。东盟是缅甸发展的新舞台，因此缅甸战略转变后更倾向于在东盟内部的发展。

从客观现实来看，当前缅甸的"民主化"使得缅甸外交战略在东方与西方大国间寻求某种平衡，缅甸的外交战略转型继承了缅甸独立自主外交政策的某种传统，即一种新型的中立主义道路，这使得"民主化"进程中的缅甸既没有也不可能倒向哪个大国。这种新型中立主义道路是对1988年以来缅甸军政府外交战略的修正，也是某种程度向缅甸独立后至1988年期间缅甸独立自主外交的某种程度的回归。

缅甸外交逐渐形成了以地区主义为核心、主动开放的多边主义和大国平衡策略。这意味着其他国家应该改变与缅甸交往的方式和态度，在新时期营造良好的国际环境，实现地区和平繁荣。

美国著名外交家亨利·基辛格曾经说过："地理对于决定国家命运至关重要。"所以，地缘战略环境逐渐成为战略界研判一国外交政策的基本出发点。缅甸在外交上越来越受到国际上的重视，主要原因是缅甸地处海陆战略要地，是唯一连接东亚、东南亚和南亚的陆上交通枢纽，它是东亚腹地进入印度洋最便捷的交通要道，也是从陆路打入东南亚的跳板。这种天然的地缘重要性使缅甸成为包括美国、日本、印度等大国利益角逐与合作的对象。2010年美国要重返亚太，针对中国的迅速崛起，搞亚太再平衡，中国政府针对性地提出"一带一路"倡议之后，缅甸的地缘战略地位达到了新的高度。随着2015年缅甸大选落下帷幕，缅甸政权的"民主化"进程不断推进，缅甸国内党派和民族等各种势力的关系更加复杂，缅甸的外交战略也随之进入了一个调整、平衡与再平衡的过程中。缅甸领导人过去实行不结盟政策，以应对独立以来复杂的内外政治和安全的压力。中国现代国际关系研究员宋清润指出，尽管缅甸目前比较贫困落后，综合国力不强，但其国民素有地区大国的情怀，在外交中也会流露出一定的民族主义情绪，这决定了这个国家在历史上基本奉行中立主义的大国平衡原则。

缅甸民盟未来的外交政策也会围绕这一原则框架来运行，将首先重视同东盟发展关系，并在中美日等大国间开展大国平衡外交，不会选边站队。而且，缅甸民盟领导人昂山素季也曾表示，缅甸的外交政策是平等发展与各国关系。

分析缅甸的外交政策及走向，必须关注到缅甸的战略利益诉求。第一，战略和安全上，缅甸谋求最大程度上的独立自主。建国后，缅甸实行的是不结盟政策和大国平衡外交。至今，这一战略仍为缅甸高层所遵守。因此，缅甸希望和世界任何一个国家发展良好的关系，但也会防止任何一个大国在缅甸获得压倒性的优势，进而主宰缅甸的内政外交。第二，政治上，缅甸希望维持与大国之间的正常关系。在对美关系上，缅甸认为响应美国对改革的呼吁，有利于缓和美缅关系，甚至能为缅甸重返国际社会大开方便之门。即便金融危机后，美国在各方面，特别是经济上相对衰落，但综合实力和国际影响力仍非他国所能比。在对印关系上，缅甸国内认为，配合印度打击其东北部的分裂势力，有利于印缅战略关系的稳定和其他领域的合作，也能确保自己边境上的安全。此外，利用文化和宗教上的亲缘关系加强与印度的关系，有利于扩大缅甸在印度半岛—孟加拉湾—中南半岛地区的影响力。第三，经济上，缅甸谋求实现经济的快速发展。东亚和南亚地区经济发展迅速，缅甸也希望搭乘经济快速列车以推进现代化，从而改善目前缅甸国内落后和贫穷的状况。

缅甸民盟政府未来执政期内所面临的机遇和挑战也非常复杂。从机遇上说，目前缅甸正处于1988年新军人政权上台以来国内外形势最好的时期。缅甸民盟政府面临多重发展机遇，有着前任政府不具备的诸多优势条件。积极塑造周边环境、主动融入地区和国际社会是今后一段时期内缅甸外交大的趋势和方向。民盟政府如果能够准确把握时机，抓住机遇，缅甸外交将在民盟政府执政期内取得巨大的发展成绩。首先是民盟上台执政拥有着坚实的国内外民意和舆论基础。这表现在社会各界对大选结果的认可以及对民盟政府正式就职的欢迎程度上。其次是民盟领导人昂山素季在缅甸社会拥有极高的声望。她一直以来几乎成为缅甸人民追求自由和民主精神的象征，也是民盟绝对的精神领袖。她本人是目前缅甸国内最受欢迎的政治家，在缅甸社会拥有宗教领袖的强大号召力。再次是民盟政府继承了巩发党执政时期在外交领域的多项积极成果。自吴登盛政府2011年初上台执政以来，以不断推进国内政治转型和民主化来拓展外交空间，特别是在推动缅甸同西方主要国家关系和解、积极融入国际社会等方面取得了较大进展。最后是民盟政府面临的地区和国际环境相对宽松有利。在地区层面，随着东盟一体化进程加速，缅甸作为中南半岛第一大国在其中扮演着重要的角色。政治转型以来，缅甸积极融入地区发展，充分利用东盟平台推动缅甸同东盟国家的各领域合作。在国际社会层面，随着缅甸政治转型的不断推进，国际社会特别是西方国家做出了积极回应，缅甸同这些国家的交往不断增多，关系得到持续改善。在享有这一系列的机遇和条件的同时，民盟政府也将面对来自国内外的一系列挑战。无论是来自外界对民盟执政能力的质疑，还是目前缅甸外交中存在的一些现实问题，都将在很大程度上影响未来缅甸外交走向以及民盟在外交领域上成绩的取得。

缅甸大选后民盟的上台只是一个开端，真正的挑战性的工作会接踵而来。首先是外界普遍担忧民盟的执政能力。一直以来，外界对民盟多有"老人政党"、昂山素季"一人党"的质疑。而且民盟在成立之后不久就长期处于被当局打压的处境，还曾两度被军政府当局取缔。所以民盟工作一直以来是断断续续的状态，且经验不足、没有系统性。其次是国内各派政治力量尚未就长期权力和利益分配达成共识。虽然军方以及有军方背景的执政党第一时间就承认了民盟在大选中获胜，但目前来看，这种形式上的承认没有太多的实际意义。虽然缅甸国内各势力进行了政治权力安排，但是从长远来看，这些安排并未解决民盟和军方的潜在矛盾以及对少数民族的主要诉求做出有效回应。再次是一些非理性民意仍在一定程度上左右缅甸政府的外交决策。在民主国家，国内民意对政府的方方面面具有显著的影响，这不仅体现在政府的国内行为上，在国家外交等对外关系层面也有明显表现。最后是缅甸国内民族和宗教问题呈现国际化趋势。缅甸国内民族宗教冲突主要体现在缅北"民地武"问题以及孟缅边境地区的罗兴亚人问题上。在这些问题上曾引发一系列中缅外交领域的矛盾冲突。

第三节　缅甸与日本及美国等西方国家的关系

日本与美国等西方国家实质性改善与缅甸的关系可算是投桃报李，因为西方国家将缅甸的民主化进程当作其全球民主化的一个重要部分，其将缅甸的改革视为从所谓的军人独裁到民选政府的成功范例。同时，缅方也在寻求改善同日本和美国等西方国家的关系，除了为发展经济、寻求西方解除制裁之外，更希望通过与西方国家交好而重新成为国际社会的一分子。

一、缅甸与美国的关系

缅甸与美国关系改善的原因可以从三个角度去归结，即美国"重返亚太"战略的角度、缅甸自身发展的角度、全球化的角度。

（一）美国"重返亚太"战略的角度

首先是美国之前实施的长期对缅制裁和孤立政策收效甚微。具体表现是：军政府执政未受到冲击且很好地渡过了难关；由于积极探索发展经济途径，所以缅甸国内经济受制裁影响不大，且发展势头良好；另外，此举直接加重了缅甸人民的苦难，以致激怒了他们。其次是缅甸可以为美国经济的发展提供资源和市场。美国在金融危机之后，经济不景气，通货膨胀，迫切需要拓宽海外市场，加大对外贸易，缅甸由于国内的经济发展水平低下，无法满足人民的生活需求，亟待提高经济，所以缅甸无疑是良好的投资场所和贸易合作伙伴。但在经济制裁的这些年，东盟各国、中国、日本、印度等国加大对缅投资力度，而美国则远远落后。最后是为了遏制中国的发展，同时，他们认为中国对东南亚奉行的积极进取政策已经给中国带来了巨大的战略优势。所以，美国奥巴马政府开始重新审视对缅政策。

（二）缅甸自身发展的角度

首先是缅甸要加快或进一步发展国内经济，需打破美国的经济制裁，进一步打开外界进入的大门，从而吸取更多外来投资和经济金融援助，以期发展对外贸易；其次是民盟刚刚上台执政，而缅甸国内因存在各种不同的势力，局势还不太稳定，为了巩固其地位，需争取美国的认可，以期获得美方援助；最后是在外交上，由于之前美国的阻挠，国际组织也鲜有和缅甸接触的机会，缅甸为了摆脱长期孤立的局面，在中美等两大国平衡中寻求自身最大的利益。

（三）全球化的角度

在全球化的大背景下，各国的联系不断增强，国与国之间在政治、经济贸易上相互依存。因缅甸所处的特殊地理位置，加之其资源丰富，市场前景广阔，而美国又是世界上的超级强国，其在众多领域中都处于世界领先地位，所以美国与缅甸两国中的任何一方都不可孤立或脱离另一方而寻求发展，应加强双方合作，努力实现共赢，促进世界和平。

基于地缘政治、民主政治进程、经济合作、安全战略的考虑，美缅应当迅速接近，且双边关系近半个世纪的低位运行也为大幅度发展留下了极大的空间。缅甸是美国全球民主大业的一面旗帜，促进缅甸民主化是历任美国政府的重要任务，而美国的对缅甸政策是导致缅甸对外战略转型的重要因素。国际因素方面，美国全球战略重心东移、亚洲一体化发展和缅甸政治迈向新纪元；国内因素方面，美国国内政治经济和社会呈现出大幅度变化；外交理念方面，美国政府重拾自由主义。目前，美国政府对缅甸政策改变的只是手段，其政策目标未变。美国的政策目标依旧是"民主化"缅甸，但是实现方式改变为渐进式，即在缅甸看到指标性改变、在缅甸发生明确性改变和根本性改变。2009 年美国采纳了务实接触政策，这一转变无异于承认单纯地靠制裁以求在缅甸实现政治变革策略是徒劳无功的，为实现其目标必须采取更好的政策手段。在奥巴马任期内，对话成为制裁的重要补充，特别是国务院官员在努力开启缅甸新的政治进程中发挥了重要作用。这些官员对内比都传达了美国的期待，其中包括可以推动双边关系发展的必要步骤和改革措施。政策实施手段上由原来的"孤立加制裁"转变为"制裁加接触"。制裁是美国政府手中的"紧箍咒"，只要缅甸按照美国政府的要求推进改革，美国自会解除对其制裁；而接触是美国政府实施的缅甸版"前沿部署外交"，美国政府用"行动对行动"战略推进与缅甸接触，最大化了接触威力。美国政府对缅新政带来了美缅关系正常化、中缅关系问题化和东南亚格局复杂化三大影响。美缅关系正常化的不断深入有可能拨动缅甸外交的定盘星。以缅甸为突破口，美国政府至少可以实现四重战略效果：最大化美国在缅甸的利益、增加美国在东南亚的发言权、围堵中国和为将来分解印度势力埋下伏笔。所以，美国"重返亚太"在很大程度上是基于对地缘政治的考虑。可以将美国重估对缅政策和决定开启更为务实的政策看作不仅是要推动美缅关系发展的机会，而且是要重塑美国与东盟的纽带。

出于亚太再平衡战略的需要，美国政府抓住缅甸改革的契机，积极调整对缅政策，逐步放松制裁，恢复外交关系，力图通过从外部来推动缅甸更快地朝民主化方向迈进，从而填补美国在该地区的空白。对缅新政是美国"亚太再平衡"

战略的重要组成部分，服务于美国亚太战略的总目标，以此来规制和平衡中国，维护其国际领导力。由此可见，美国越来越希望通过发展美缅关系来平衡中国在东南亚地区的影响力。美国希望将对缅甸的改革支持作为一种外交政策上的成功，但同时也对该国动荡局势的延续担忧。

美国自2010年确立重返亚太战略以来，对缅甸关系更加重视。2015年，其对缅甸继续采取制裁加接触的策略。美国一方面对缅甸民主改革表示支持，另一方面继续向缅甸施加压力，想将缅甸打造为美国式的自由民主国家。1月，美国国务院人权特使访问缅甸，与缅方举行人权对话，并借考察人权低调访问缅北，了解缅北武装冲突现状。5月，美国以缅甸人权问题和国家内部矛盾为由，将对缅甸的制裁延长1年。但12月初，美国政府宣布对缅甸的部分制裁暂停6个月。这意味着美国对缅甸新政府采取观察态度，并有可能逐步减轻制裁。2016年，在缅甸民盟政府正式上台1个月后，华盛顿和内比都的联系也日趋频繁。5月17日，美方宣布对缅甸解禁但部分制裁。美国政府官员表示，此举是为鼓励缅甸政治和经济改革取得的进展，扩大两国贸易往来。但美国仍然保留对与缅甸军方有关联的贸易和投资限制。根据美国财政部公布的清单，这次共有缅甸木材公司等7家国营木材和矿产企业被从制裁名单上除名。缅甸经济银行、缅甸外贸银行、缅甸投资与商业银行3家国有银行也被解除制裁，这意味着美国与缅甸所有金融机构的业务往来基本不受限制。美国财政部还无限期延长了2015年12月公布的一项制裁变通方案，允许美国银行与部分被列入制裁名单但运营港口的缅甸企业继续保持贸易业务往来。在放松整体制裁的同时，美国宣布将6家由缅甸个人或企业控制的公司列入制裁名单，以保持对特定个人、实体的压力。美国官员还表示，对于缅甸玉石和宝石的进口禁令仍然有效。同时，美国总统贝拉克·奥巴马致信国会，表示决定将1997年开始实施的对缅甸的《国家应急法》延长1年。该法案包括禁止美国企业和个人与特定的缅甸个人进行投资或开展业务往来等。美国在对缅制裁中表现出"放中有收"的新手段，表明了美方的矛盾心理。一方面，希望通过放松制裁促进对缅甸的贸易和投资，帮助民盟政府发展经济，此次出台的一些松绑措施确实有利于缅甸吸引外资以及改善国内经济发展环境。但另一方面，美国又想借助制裁"大棒"对军方施加压力。① 毕竟军方在缅甸的政经领域仍具有巨大的影响力。5 月 22 日，美国国务卿克里访问缅甸，这也是首位美国高官在民盟政府"掌舵"后来缅访问。此行旨在支持民选政府及鼓励缅甸进一步推进民主和经济的改革。杜继峰认为，此次访问是美国意识到自己在与缅甸新政府打交道上已落后于其他国家，因为此前民盟政府已与中国、老挝、日本、意大利等国家有了外交接触。7 月 20 日，白宫国家安全事务副助理本·罗兹与昂山素季在缅甸举行了会晤。

就这些外交事务来看，美缅关系已有逐渐步入正常化的趋势。对缅甸来说，与美国的关系改善必然带来很多积极的现实的结果。比如，美国在缅甸的投资已成为可能，这至少可以创造新的就业机会。就这一点而言，同样重要的是，以缅甸为产地的厂商可以向美国出口商品。此外，不断发展的美缅关系还将让缅甸的教育与制度实力以及社会资本蓬勃发展，双边及更广泛的国际援助也将到位，可以应对紧急的人道与发展问题。这样一来，缅甸新政府将更有可能成功地应对国内长期存在的复杂紧急事态。

二、缅甸与日本的关系

自以吴登盛总统为首的缅甸民选政府成立后，日本基于地缘政治和地缘经济以及制衡中国等方面的考量，重新对缅进行大规模援助和投资。日本将缅甸纳入"价值观外交"体系，以日本首相安倍晋三为首的政商考察团频繁访问缅甸，开始全方位介入缅甸。除了提供大量援助以外，日本还借机介入缅甸民族和解进程，日本企业也大举重返缅甸，日缅关系迅速升温。②

从日本的角度分析日本与缅甸关系的改善，可以归结为以下几个原因：

一是缅甸与欧美关系的改善成为契机。日本对缅甸的政策调整一直都符合其本国外交的需要，而这些需要和美日关系发展以及美国全球战略有着密切联系。由于日本外交在很大程度上是为了维护美日同盟关系，因此出于美国与缅甸紧张的外交关系，日本无法自主与缅甸开展进取型的外交政策，只能保持较低的经济

① 廖勤. 放松对缅制裁，美为何还"留一手"［N］. 解放日报，2016－05－19.
② 毕世鸿. 缅甸民选政府上台后日缅关系的发展［J］. 印度洋经济体研究，2014（3）：20－32，157.

联系。另外，"二战"后，作为战败国的日本选择了站在西方国家的一方，其有着与西方国家共同的价值认同，并且希望融入西方民主世界以改变日本的国际形象的诉求。因此，日本也十分重视西方国家主导的国际舆论和主流价值取向。在缅甸与欧美关系日益改善的国际大环境下，日本可以抛却担忧，积极调整有利于本国的对缅政策。

二是日本的国家利益及其相关利益团体的需要。首先是维护和实现其国家利益的需要，为了重振经济，日本亟须一个新兴的，并且能够从中获得更多战略资源的市场，无论从历史还是现实来看，缅甸一直是日本政府的首选。这是因为日本政府第一是想通过调整对缅政策以期解决其能源危机；第二是希望重返缅甸能够帮助其摆脱对中国经济的依赖；第三是计划将缅甸变成其制造业的转移地之一；第四是因为缅甸的市场化改革及经济发展前景；第五是日本政府可以在缅甸投资基础设施建设。其次是其他利益相关团体的需要，这其中包括了日本的政治利益团体和经济利益集团的需要。政治利益集团需要日缅在安保等领域的广泛合作，从而扩大日本对缅甸及印度洋的影响力。经济利益集团需要日本经济产业省、对缅实施政府开发援助的企业、在缅有着既得利益或觊觎缅甸市场的日本企业组织，持续给日本政府施压，以期日本调整对缅政策从而为其进入缅甸市场扫清障碍。

三是构筑对华包围圈，遏制中国影响力的需要。近些年来，中国与日本的经济实力及区域影响力此消彼长。出于对中国发展的担忧，日本开始大力拉拢东盟国家，从而构建起对华包围圈，遏制中国在该区域日益增强的影响力。在构建"CLVM"（即柬埔寨、老挝、越南和缅甸）民主之弧来围困中国，缅甸是重要一环。此外，无论从现实还是预期来看，在缅甸的经济利益方面，除了中国因素外，日本还要面对来自东盟、印度及西方国家的竞争。因此，日本积极调整对缅政策，迅速推进日缅关系的发展，目的是除了遏制中国外，还有不甘人后，为今后在缅甸的大国竞争中占据有利地位的考虑。

从缅甸这方的角度分析，日缅关系改善的主要原因是由于缅甸新政府正致力于民主化改革，其外交政策也围绕着与西方国家正常化这一目标，大力推行"均衡外交"，试图实现与日本等西方国家之间的正常关系。经济上，缅甸试图摆脱仅依靠中国等邻国的局面，急于获取更加多元的投资来源以此促进本国的经济发展，而加强同日本的联系显然有利于本国经济发展和民主化进程。

日本对缅甸的资源富饶体会颇深，知悉缅甸约 6300 多万人口所蕴藏的巨大市场和商机。基于地缘政治的考虑，日本政商学界均一致认为，缅甸位于中印两大国之间，战略位置非常重要。日本应以促进缅甸民主化建设和市场经济建设为基础，促进缅甸社会稳定，从而为东盟的稳定、繁荣和一体化做出贡献。从长远的战略观点看，同中国争夺缅甸的影响力和丰富资源，对日本维护海上生命线也是十分重要的。换言之，日本不希望中国的势力透过缅甸而达到印度洋。随着美国等国逐步解除对缅制裁，日本期望在东南亚地缘博弈中争得一杯羹，从而在缅甸民主化进程和经济发展方向上起一定的作用。虽然缅甸政改距离西方要求还很远，但大方向逐渐明朗，与日本倡导的"共同价值观"有交集，也颇符合日本现任首相安倍晋三倡导的"自由繁荣之弧"的理念。

日本一直是缅甸最大的外援国，在缅甸新政府未公布其外交政策主张时，日本就已加大对缅的战略投资。日本前驻缅甸大使铃木孝在其回忆录中曾表示，日本同缅甸具有"一种特殊的历史关系"，"缅甸是日本最值得帮助的国家之一"。[①]冷战结束后，随着日本经济大国地位的确立和国际关系格局的变化，日本外交的自主性不断增强，试图提高自己的"对等伙伴"地位，实现"政治大国"、"普通国家"的目标。在这个过程中，"回归亚洲"是其实现上述目标的重要基础，而东南亚则一直是日本"亚洲外交"的核心之一。

日本虽然曾一度追随美国对缅甸实施制裁，但为了保持与缅甸的特殊关系并维护日本在缅的既得利益，对缅政策发生了改变。日本对于 20 世纪以来的缅甸而言，绝对是一个重要而且矛盾的存在。在这段历史时期，日本对于缅甸来说所扮演的角色是从侵略者到援助者再转为投资者，对缅甸的发展进程产生了深远而复杂的影响。日本在美国亚太再平衡战略下，积极发展缅甸的经济和安全关系，不但有利于自身的发展，也正好迎合美国扩展亚太安全体系的战略需求，有利于美日同盟的巩固和形成遏制中国的态势。2003 年 5 月，昂山素季被缅甸军政府监禁，日本停止了除人道主义援助以外的官方发展援助（ODA）项目。随着 2011 年 3 月缅甸军政府还权于民选政府，缅甸政改和民主化进程取得一定进展，缅甸

---

① 范宏伟，刘晓民．日本在缅甸的平衡外交：特点与困境［J］．当代亚太，2011（2）：126 - 146.

与日本的关系进入了新的发展阶段，日本对缅甸的政策也发生了许多变化。2012年4月，为实现缅甸民主化进程、民族和解和可持续发展，支持缅甸各领域的改革努力，日本决定对以下三个重点领域开展广泛支援：一是提高缅甸民众生活质量的支援，其中包括医疗保健、防灾，以农业为中心对少数民族和贫困人群提供支援和地区开发；二是对支撑经济社会发展的人力资源开发以及制度建设提供支援，也包括对推进民主化的支援；三是对支撑可持续发展所需的基础设施建设和制度建设提供支援。从政治、经济、外交等方面展开系列行动，开始旨在收复"失地"、拓展利益、增强影响力，以及"摆脱中国"和"遏制中国"并举的政策。

而缅甸与日本的外交关系则是采取更重视务实经济的外交。缅甸民主化后日本在缅甸的影响力提升速度为全球之最。日本以提供巨额贷款为武器，在基础设施和制造业领域稳步扩大了投资。2015年，日本多次对缅提供经济援助并加大对缅的投资力度。7月，日本同缅甸和泰国签署一份有关土瓦经济特区的湄公河流域工程合作备忘录，其中注明日本将在3年内裁定包括道路建设在内的工程。9月，由日本援建的缅甸迪洛瓦经济特区第一阶段项目启动，该项目的成功启动是两国关系的一个里程碑，将为当地人民带来技术和工作机会。"与所有国家构筑友好关系"，2016年4月22日，昂山素季在内比都招待包括日本在内的各国外交官，就新政权的外交方针进行了说明。缅甸传统上采取"全方位外交"，但军政府时代中国的影响力过度增大，新政权希望摆脱这一局面。5月3日，日本外相岸田文雄和缅甸国家顾问兼外长昂山素季举行首次会谈，并打出了支援民主化的牌子。岸田外相在会谈中说，将对新政府特别重视的创造就业机会、农业、基础设施建设、财政金融等领域提供全面支持。日本政府配合此次会谈，决定向缅甸的少数民族聚居区提供37.58亿日元（约合2.3亿元人民币）的无偿资金援助。岸田外相当天还与国防军总司令敏昂兰大将会晤，要求军方对实现民生稳定和民主化予以合作。6月7日，正在出访东南亚的日本防卫大臣中谷元在到访国缅甸会见了昂山素季。这也是缅甸新政权诞生后，继日本外相岸田文雄之后第二位与昂山素季举行会谈的日本内阁成员。中谷元表示，为了缅甸的和平与稳定，日本将在灾害救助等方面，由日本自卫队帮助缅甸军方提高能力建设。对此，昂山素季回应称："感谢日本迄今为止在缅甸走向和平进程中提供的支援。希望日本友人能够提供更多支援。"会谈结束后,中谷元对记者表示:"缅甸位于大国之间,在地缘政治上处于重要位置。缅甸的发展有利于地区整体的发展。"

但日缅关系的发展存在着很多制约因素:第一,在亚太的地缘政治格局中,中国是日本的头号竞争对手,两国的政治、经济、军事各有千秋。中国的发展在一定程度上制约着日本在缅的关系发展。第二,缅甸自身存在许多影响发展的不利因素。首先是民主化问题,虽然万众期待的民盟上台执政,但是,缅甸国内仍存在着多重势力,民选政府还未真正站住脚跟。其次是地方民族武装仍然存在,许多日缅合作项目多位于其控制区。最后是对大国的疑惧,先前以美国为首的大部分国家对缅进行制裁,形成不好的印象。第三,历史纠结,缅甸人对日本入侵的历史看法不一,很明显,缅甸内部存在"亲日派"和"反日派",缅甸会在权衡利弊得失的基础上开展对日关系,这对日缅关系无疑会造成一定程度上的影响。第四,缅甸独立的经济能力的增强和贸易多元化导致对日的依赖明显下降。第五,日缅关系中的中国、印度因素。中国与印度是缅甸的两大邻国,又是正在崛起的新兴大国,日缅关系的发展会威胁到中印在缅甸的利益。中印积极调整对缅政策,增加自己在缅的影响力。

安倍内阁试图通过建立互利共赢的经济合作关系,从而把缅甸打造成为具有巨大魅力的生产基地和大市场,并借此提振日本经济。缅甸虽然具有很大的经济发展潜力,但完善基础设施尚需时日。日本目前在缅甸的参与程度远落后于中国、泰国和印度,日本从缅甸经济发展中获利也将是一个漫长的过程。另外,当前缅甸处于民主转型期,各种维权运动方兴未艾,让外国投资充满了不确定因素。同时,欧美等企业也蜂拥而至,欲在缅甸的经济改革中谋得一份利益,日本的竞争对手陡然增多,加之缅甸国内丰富的油气资源开采带来了巨额的外汇,使得缅甸对日本经济援助的需求远不如从前迫切。缅甸希望日本在经济领域给其带来更多"实惠",而非政治上的"麻烦"。缅甸不会完全迎合日本,充当日本牵制中国的棋子。

当然,缅甸新政府对日本的外交总体上还是持乐观态度,更重视务实经济的外交,毕竟缅甸从日本得到了更多的经济实惠。日本对缅甸的重要性主要体现在经济领域,因而缅甸与日本商谈更具实质性的议题是经济合作。对日本而言,其政治安全议题必须置于经济合作框架下才能取得效果。缅甸也清楚日本加强存在是在密切配合美国亚太战略调整。当前美国的亚太战略再平衡主要体现在安全领域，与其一直强调的全球战略再平衡的经贸特征存在极大错位，日本加强与缅甸的经贸关系正好补充了美国再平衡战略的经济短板，但美日两国在缅甸的竞争也是显而易见的。在缅甸看来，日本并非可以完全取代中国或美国。换言之，日本、美国和中国对缅甸而言都不是非此即彼的关系。

三、缅甸与西方其他国家的关系

随着缅甸与美日关系的改善，以美日为首的西方国家也把目光转向缅甸国内，努力寻求合作机会，急于在缅甸这块几乎是西方投资的处女地上分得一杯羹。它们不像美日两国那样，首先是基于战略利益而寻求进入缅甸，以期达到战略布局的要求，这些西方国家更多的是考虑到经济利益，而去寻求海外市场来发展对外贸易。缅甸也出于自身利益需要，逐渐加强与其他西方国家的关系。2015年2月，缅甸环保与林业部长吴温吞在其办公室会见了总部位于德国的 PRISMA 集团代表，双方重点讨论了缅甸环境保护和林业可持续发展问题。此外，双方还讨论了缅甸经济增长、改革进程、未来10年经济发展、环境可持续发展、环保部推行绿色经济或绿色增长、缅甸加入采掘业透明倡议、保护自然资源、林业投资机会等问题。缅甸总统吴登盛于2015年7月会见德国议会代表团，双方就政府间合作、人力资源开发、贸易投资等问题交换了意见。

第四节　缅甸与东盟及其成员国的关系

随着缅甸政治转型的实现和推进，缅甸与东盟及其他成员国家之间的往来更加频繁和深入，在政治和经济层面都有重要的表现。2015年11月，缅甸总统吴登盛参加在马来西亚举行的第27届东盟峰会，东盟十国领导人不仅签署了《关于建立东盟共同体的2015吉隆坡宣言》，同时还通过了愿景文件《东盟2025：携手前行》，承诺在未来10年继续完善东盟共同体。12月31日，东盟轮值主席国马来西亚外长阿尼法代表东盟发布声明说，东盟共同体正式成立。东盟共同体的成立并不意味着东盟共同体建设进程的结束，而只是开始。这是亚洲建成的首个次区域共同体，也预示着东盟一体化建设进入了新阶段。在经济方面，2015年4月至9月底，缅甸与东盟国家的双边贸易额约达53.47亿美元，其中以同泰国开展的贸易额最多，占25亿美元。

尽管缅甸成功加入东盟，并且成为轮值主席国，但是因为与美国的关系紧张，缅甸在东盟的地位十分尴尬。东盟各国对缅甸的政治、经济、外交等多方面也存在不满，这对缅甸在东南亚的发展前景影响很大。缅甸改善与美国的关系，如同改善与东盟的关系一样，可以获得一个相对宽松的发展环境，更多地与世界各国进行交往，更多地参与国际事务，扩大缅甸在东南亚以至世界上的影响。

此外，缅甸与东盟各个成员国之间的实质性合作也在不断推进。如缅泰计划在缅泰边境建立经济区，以促进双边贸易合作；新加坡与缅甸签署技术合作了解备忘录，并加大对缅甸的投资，其酒店领域的投资在缅居首位；缅甸总统吴登盛会见越南总理阮晋勇，并表示将共同努力实现双边贸易额突破5亿美元的目标等。

一、缅甸与泰国的关系

缅甸和泰国是东南亚地区的两个重要国家，两国地理上毗邻而居，陆上有长达2400公里的边界线。在缅甸长期受以美国为首的西方国家的孤立和制裁，泰国对缅甸的政策并未跟随西方国家起舞，而是始终围绕自己国家的利益，对缅甸实行接触性的政策，在对缅外交上具有自己的特点。首先表现在外交方式上注重"面子"，泰国长期受缅甸国内各种问题外溢的影响，理应制裁，但是泰国在外交上表现出了有别于西方国家的态度，这除了泰国对缅甸有政治经济利益的需求之外，文化思维习惯促成的东方式外交也是一大因素。在各方都不希望通过制度化平台谈判解决缅甸问题的情况下，通过领导人的善意沟通达成共识是当时泰国维持泰缅和局的最佳选择。其次是注重"大国平衡外交"战略的运用。由于缅甸的地缘关系和丰富的资源优势，使其成为大国关注的焦点。泰国出于自身政治经济利益的考虑，认为缅甸的稳定最符合泰国的利益。大国在缅甸之间的博弈，泰国并不能置身事外，而作为小国的泰国，采取平衡战略是其最好的选择。最后是以国家利益为重，体现出浓厚的实用主义色彩。从泰国对缅政策的特点可以看出，其实质是保证边境地区安全，避免大国势力的介入和确保贸易投资的安全，促进缅甸区域化的融合。泰国总理巴育会见到访的缅甸国务资政兼外交部长昂山素季，在位于曼谷的泰国外交部，缅甸国家顾问兼外交部部长昂山素季发表题为"缅甸、东盟和世界：未来之路"的演讲。昂山素季抵达曼谷，对泰国进行为期3天的友好访问。巴育在会后举行的联合记者会上表示，泰缅是天然战略伙伴，两国的安全和利益密切相关，昂山素季此访为泰缅关系掀开了新的篇章。巴育表示，双方会晤中谈及双边关系的多个问题并达成了一些具体成果。在缅甸劳工问题上，泰缅双方当天签署了三个协议：泰缅跨境协议、劳动力合作备忘录以及雇佣工人协议。这三个协议将为双方深化在劳动力领域的合作奠定了坚实基础。在缅甸难民问题上，双方一致同意，在适当时机，两国将为滞留在泰国边境的缅甸难民提供自愿的、安全的、体面的、有保障的遣返。泰国鼓励缅甸设立一个委员会来与泰方共同磋商解决该问题。在经济和发展合作方面，泰缅双方一直认为，双方在经济领域具有互补性，有必要深化双边经济关系。巴育表示，泰国政府一直鼓励私营企业在缅甸进行透明的、负责任的、可持续的投资。昂山素季也表示将鼓励和支持在缅的泰资企业。双方一致认为，缅泰两国联合主导开发的土瓦经济特区将创造上万个工作岗位并促进区域互联互通，有利于缅甸、泰国和区域的共同发展。双方还将致力于推动缅泰发展合作框架协议（2016～2018 年）的实施。

二、缅甸与老挝的关系

缅甸政府国务资政兼外交部部长昂山素季在 2016 年 5 月 6 日随总统吴廷觉访问老挝。这是缅甸新政府上台后昂山素季的首次外访，以凸显缅甸对东盟的重视。老挝是 2014 年东盟轮值主席国，缅甸政府选择同区域的邻国老挝作为首访对象，正显现其外交技巧，表达其外交政策。

老挝和缅甸是邻国，同在中南半岛，地缘相近，习俗相近，经济发展水平差距不大，历史上关系良好，领导人首访选择老挝符合缅甸历届政府把睦邻关系"置顶"的外交政策特点。

老挝和缅甸同为东盟成员国，是 1997 年加入东盟的同一批次的国家，在东盟内的"资历"相当，2016 年又逢老挝担任东盟轮值主席国。缅甸领导人首访选老挝，不仅有助于增进缅老两国关系，也有利于增进东盟内部的了解与合作，这符合缅甸重视与东盟关系的一贯外交做法。

从缅甸的角度考虑，新领导层首访选择老挝，还反映了缅甸新政府将睦邻关系置于大国关系之前的设计，还表现其不在大国间"站队"的立场。一些缅甸问题专家认为，民盟政府首次出访去哪里，是其今后外交风格与路线的风向标。民盟上台1个多月以来，多国外长先后赴缅，邀请缅甸新领导人尽早访问。在此情况下，选择出访一个东盟邻国，可避免在地区大国乃至域外大国中做抉择，符合缅甸"先睦邻、再地区、再域外"及"先睦邻、后大国"的外交表述。

缅甸新政府首访老挝，有以下三个方面的原因：

一是昂山素季并不想在中美之间明确站队，而是想走平衡外交策略。对缅甸新政府来说，任何立场鲜明的站队都是危险的，因为缅甸还有掌握着巨大权力的军事集团，一旦新政府出现偏颇而导致缅甸内政外交出现问题，军事集团就可能用强制手段进行政权更迭。所以，昂山政府必须小心翼翼，最好能在中美之间游走，这样昂山政府在中美平衡之间就能尽量提升政权的安全性。

二是昂山素季未来的外交重点将放在东盟内部。首访去东盟轮值主席国老挝，达到既增进友谊，又不至于得罪某一大国的目的。这不但让中美各国都没话说，也会向东盟其他国家释放缅甸的外交政策信号，即缅甸接下来的重点在东盟内部。这一信号不但有利于在中美之间平衡，也体现了昂山素季未来试图借东盟来发展经济的重心。

三是昂山政府要与各方进行更多接触和讨价还价以换取最佳利益和平衡。昂山政府是新政府，无论是执政经验还是外交经验都不足，各国最初也会更多地观望，而昂山则需要与相关各国进行更多接触和沟通以获得更多的支持和更好的平衡。很显然，在这方面新政府还未做好准备。一般来讲，首访会选择大国。选择大国作为首访的好处就是迅速获得国际关注，打开外交局面，为国家争取一个良好的国际环境。外界猜测缅甸新政府的外交首访应该是中美日当中的某一国，而且美国的可能性最大。但缅甸没有这么做，因为对于缅甸而言，首访大国的难度太大，它还没有做好迎接挑战的准备。按照逻辑分析，缅甸民主转型是西方培养起来的，首访应该选择美国，但出访美国的话势必会涉及到南海问题，这可能会使中缅关系紧张。如果是选择首访中国的话，势必会得罪美国。

昂山政府首访没有选择美国和中国，而是选择老挝，就是希望在中美之间保持平衡。昂山素季之所以选择老挝作为首访地，是想获得"盟友"的认可。过去，代表缅甸的是军事集团背景的政府，如今换成了民盟，昂山素季首先想到的就是获得东盟内部的认可。客观上说，只要缅甸新政府在中美之间能平衡好，又能得到东盟国家的支持，那么缅甸军事集团就更没有理由推翻新政府。

三、缅甸其他外交事务

2015年5月29日，缅甸外长吴温纳貌伦与越南副总理兼外长范平明在内比都主持召开缅越第8届双边合作联委会，双方就外交、贸易、投资、金融、交通等领域深入交换了意见，双方一致同意在未来加强各领域全方位合作。

马来西亚外交部部长阿尼法2015年5月21日起程前往缅甸，与缅甸时任外长吴温纳貌伦举行双边会谈，寻求解决缅甸难民及走私人口问题。阿尼法表示，吴温纳貌伦表示缅甸政府非常关注若开邦的发展，而缅甸副总统年吞最近特地访问该地区。"缅甸政府将会继续对若开邦提供所需援助，并落实经济发展和社会提升计划。"

2016年6月7日，新加坡驻缅甸大使蔡显光与缅甸外交部副部长吴觉丁在内比都互换两国互免签证协议，双方同意从12月1日起，来往新加坡和缅甸的两国公民逗留日期不超过30日并符合现有入境条件的，无须再申请普通签证。访问缅甸的新加坡总理李显龙和缅甸国务资政昂山素季见证了双方互换仪式。

第五节　缅甸与印度及其他南亚国家的关系

缅印关系缓和的原因分析。第一是由于两国的地理因素和历史因素，它们彼此接壤，印度人早期迁入缅甸，对缅甸文化产生了深远的影响。此外，缅甸历史上曾属于大印度地区，还被英属印度划为它的一个省。第二是由于经济的原因，出于两国经济发展的需要，它们都把双方当作重要的对外贸易市场和国外投资市场，从地缘经济的角度来看，这都对双方的经济发展有益。第三是由于印度自身的"东向政策"的驱使,印度在 20 世纪 90 年代提出该政策,而缅甸作为印度"东进"的第一站,且它们的边境线长达 1331 公里,印度若想打通与东盟的沟通渠道,就必须发展与缅甸的关系,加强合作。第四是由于中国的因素,缅甸在政治和经济上同中国依然保持着紧密的合作,若印度与缅甸的关系恶化,势必促使缅甸向中国靠近,势必会影响到印度在东南亚的利益。第五是出于缅甸的外交政策角度考虑,缅甸一直奉行大国平衡外交政策。对于缅甸而言,其夹在中国、印度与东盟各国之间,所以要维护好自身利益的最好的方法是不偏不倚,游离其间才能掌握有利的谈判筹码,而不能过分与某一方势力保持过于亲密或者过于敌对的关系。

印缅走近是基于共同的经济、能源、文化、政治、地缘安全的考虑,且经过20 年的低谷停滞期,缅甸因而发展势头迅猛。缅甸与印度的外交关系从"孤立"到"互联互通",其关系改善的重要原因是良好的互联互通具有推动经济增长、降低交易成本、促进国际贸易发展、便利人员交流、增加国家之间的信赖以及实现经济一体化等基本功能。从印度的视角看,"互联互通"外交能够帮助印度实现多重战略目标。第一,通过构建印缅互联互通网络,带动印度东北部各邦的经济发展,实现社会稳定。印度东北 5 个邦地处南亚和东南亚交界的内陆地区,与印度主体部分仅有狭窄的西里古里走廊相连接,但与缅甸共有 1640 公里的陆地边界。因此,缅甸对于印度东北部的发展和稳定具有特殊的地缘经济意义。第二,以缅甸为陆桥,构建跨南亚和东南亚的新经济区。近年来,印度加大了面向东南亚的经济外交,制定了明确的战略目标。缅甸是连接印度和东南亚一系列互联互通计划的重心和枢纽,是印度与东南亚提高贸易水平的陆路通道。第三,构建印缅互联互通网络成为"东向外交"的新动力。相比中国或日本与东盟之间的合作水平,印度的"东向外交"在过去只取得了有限的成功,印缅双方的巨大潜力还未真正挖掘出来。造成这种状况的主要原因在于印度和缅甸之间的联系途径有限,长期未能发展深层次的政治经济关系。作为唯一与印度拥有共同陆地边界的东南亚国家,缅甸是印度面向整个东盟的桥梁和门户,是其"东向外交"的跳板。第四,印度的互联互通外交战略可以实现大国地缘政治目标。缅甸位于南亚、东南亚和东亚三大地缘板块的结合处,控制着孟加拉湾东岸地区,南部邻近马六甲海峡的西北出入口,同时也是中印内陆地区进出印度洋的战略通道和印度东北各邦与中国西南省份的战略缓冲。因此，在印度的战略考量中，缅甸对于封堵中国从西南陆路进出孟加拉湾非常重要。此外，印度还可借助缅甸的陆桥地位，顺着多层次的跨国互联互通网络，将本国的地缘政治影响力从孟加拉湾延伸到南中国海，从而获得亚太大国身份。

印度"向东看"使缅甸成为印度与东南亚合作的陆路桥梁。缅甸与印度是东南亚与南亚的交汇点，当东南亚与南亚在国际事务中越来越吸引外界的关注时，缅甸与印度的关系自然也引起国际社会的关注。两国在发展双边关系中都比较积极、主动。2015年7月，缅印联合磋商委员会第一次会议在印度新德里举行，双方就双边关系进行了讨论，就区域、国际事务交换了意见。同时，双方出于自身战略的需要，多次进行国防安全合作的讨论与互访。

此外，孟加拉国正在与缅甸密切接触，并提议与缅甸、印度缔结优惠贸易协定，以此提升双边关系。

结合上述多场官方活动来看，昂山素季的外交政策是要恢复缅甸1948年独立以来采取的以利益为出发点、独立自主的中立外交政策。从外交风格上来说，表现出灵活务实的外交策略，从首访选择老挝就可以说是一个例证。同时，倾向于注重人民间的互相交往。所以这对中国是一个考验，中国一直擅长的是高层外交、首脑外交，弊端就是依赖于政府领导人，领导人的更替对双边关系冲击较大。所以中缅关系的交往需要转变观念，更加注重中缅人民的交往，夯实两国交往的基础，提升缅甸人民对中国的好感度。

从外交倾向来说，先周边、再区域，最后是域外的这种外交安排，符合缅甸的实际情况。目前来讲，缅甸是一个小国，是东盟的成员国，但地理位置非常优越，往往成为兵家必争之地，这对缅甸来说既是机遇也是挑战。所以缅甸首先是做好自己，稳定好周边关系；其次是亚太区域的关系；最后才是全球的关系。

从外交原则来说，一是独立自主全方位的原则，缅甸要与全世界所有国家发展友好关系；二是和平中立的原则，缅甸不会在大国中选边站；三是以人民利益和国家利益为核心的原则。缅甸是一个民主国家，将用人民来衡量一切外交政策和外交关系，人民满意就发展，人民反对就停止。

第六章　区域合作

　　缅甸具有先天的地理优势，自然资源、劳动力资源丰富，具有区域合作基础。在新政府执政期间，提出了新的国家总体发展战略，也迫切希望缅甸能加入区域合作，从而带动本国的经济发展和国际地位的提升。本章分别从经济走廊、次区域合作和区域合作三个层次研究缅甸参与的区域合作框架，主要选取了以下四个具有代表性的区域合作框架：东盟共同体、"孟中印缅"经济走廊、"澜沧江—湄公河"合作机制和"一带一路"合作机制。

　　从历史来看，缅甸加入东盟意愿虽然强烈，但其历程艰辛曲折；缅甸新政府高层对"澜沧江—湄公河"和"一带一路"表示支持态度，但其民间对此却知之甚少，缺少人文沟通。从现状看，缅甸参与的区域合作在基础设施建设、关税壁垒等方面已经取得了一定的成效，但由于缅甸的经济基础薄弱，政治局势不稳，目前也面临众多合作障碍。从未来看，缅甸不断推行对外开放政策，其自身的国家发展战略也将进一步融入区域合作中，特别是中国的"一带一路"倡议有利于缅甸运用丝路基金、基础设施建设银行等资金平台和合作机制，不断完善本国的基础设施，优化产业结构，改善本国居民的生活水平，提高国际地位。

第一节　区域合作概况

　　缅甸作为一个欠发达的国家，在政治、外交、经济等领域的发展都比较落后。新政府上台后，制定全新的国家总体发展战略，积极地寻求区域合作。政治层面，由军人集权统治向政治民主化转型，用多民族的和平谈判来化解边境冲突，以法制规则导向取代政策随机性；经济层面，经济政策从资源型导向转变为民生、技术型导向，实行以沿海港口为主、兼顾内陆的区域发展布局，加大金融业开放与改革力度；外交层面，通过大国平衡战略使自身利益最大化，通过务实周边外交创造良好的国际环境；区域合作层面，大力推进东盟共同体建设，积极参与"孟中印缅"经济走廊的实施，推动建立"澜沧江—湄公河"合作机制，多方参与中国的"一带一路"倡议。

第二节　缅甸国家总体发展战略与区域合作诉求

缅甸作为一个欠发达国家，在政治、外交、经济、社会文化等领域的发展均相对滞后。新政府上台后，缅甸进入全面转型的新时期，在与其他国家开展交流与合作的过程中也十分希望区域合作有助于提升其国内民主化水平、边疆稳定性、国际地位、经济发展质量以及社会民生满意度。缅甸参与的区域合作正是与其国家战略的对接，以此满足本国的长期发展需求。

一、政治战略

（一）军人集权统治向政治民主化转型

自 1962 年奈温夺取政权以来，缅甸一直是军人集团当政的国家。长期的军政府专制统治让缅甸国内积累了众多社会矛盾，民生凋敝，成为全世界最不发达的国家之一。在解决国内矛盾与融入国际格局的双重压力之下，缅甸军人集团逐步开始进行政治民主化改革，2011 年正式成立了由联邦巩固与发展党（以下简称"巩发党"）执政的民选政府。尽管巩发党与先前军人集团在很大程度上存在裙带关系，但民主化自此也成为缅甸国家发展战略中一个不可逆转的核心与主基调。在缅甸 2015 年大选，全国民主联盟（以下简称"民盟"）大获全胜，以昂山素季为领袖的政府成立了被外界认为是"真正意义上的第一届缅甸民选政府"，民主化在缅甸国家战略中的地位更加凸显。缅甸的政治民主化改革总体可分为两个方面：一方面通过调整权力配置以约束军人特权，另一方面通过放宽相关政策规定使民众享有更多的民主权利。

（二）多民族和平谈判化解边境冲突

少数民族地方武装（以下简称"民地武"）问题是缅甸国内由于错综复杂的历史因素而形成的棘手难题，目前已成为缅甸国内和平与稳定最主要障碍之一。1948 年，缅甸开始独立，但当期的缅甸政府与各少数民族存在严重的冲突，主要集中在对《彬龙协议》不同解读以及缅甸少数民族自治权意见分歧等问题上，在独立后长达数十年的时间里，缅甸政府与各少数民族双方还爆发了激烈的武装冲突。长期以来，缅甸中央政府对各民地武势力的军事打击时断时续，但通过签署和平协议实现国内民族和解的努力也从未放弃，特别是吴登盛政府上台以来已取得一定的国内和平成果。2015 年 10 月，缅甸政府与 8 支民地武势力签署了初步全国性停火协议。在此基础上，缅甸民盟新政府执政后致力于继续解决民地武问题，新设民族事务部以主导和平进程，同时在领导层中增加少数民族人士的比重，此外民盟领袖昂山素季也呼吁召开 21 世纪彬龙会议。因此，推动民族和解将继续成为未来缅甸国家战略的重中之重。

（三）法制规则导向取代政策随机性

在长时间的军政府执政时期，缅甸在法制建设方面比较落后。一方面，缅甸的法律法规不健全，已有的法律法规存在内容陈旧、规定宽泛、可操作性不强等问题；另一方面，由于军政府权力相当大，法律不能被很好地遵行，政府常常制定政策和政令来代替法律的适用。再加之缅甸政局起伏不定，时稳时乱，因此政策多变，政令反复。2011 年吴登盛政府上台后，缅甸的法制建设开始有所起色，特别是近年来颁布了一系列涉及各领域的法律法规，如 2015 年新颁布的《缅甸公司条例（草案）》、《矿业法》、《广播电视法》等。当前缅甸法制建设中的一项核心议题是针对 2008 年《宪法》的修改，它因涉及民盟领袖昂山素季参选总统资格而备受外界关注，同时修宪问题也关系到缅甸众多少数民族武装势力能否获得各自期望的自治权。2015 年 6 月，巩发党向议会提交《修宪法草案》，因军人议员的阻挠，该修正草案未获得 75% 的支持票，故未得到议会通过。然而，缅甸民盟新政府执政后将继续开展修宪努力，同时将进一步完善国家各项法律体系建设，其中不可避免地涉及到与军人利益集团的博弈。

二、经济战略

（一）经济政策从资源型导向转变为民生、技术型导向

缅甸目前仅是依赖于"资源型投资"的经济增长方式，从长远来看，应该转向"技术基础投资"，同时也应更加关注民生。缅甸民盟新政府成立后，陆续颁布了一系列经济发展政策，如放宽外资在缅贸易活动限制、制定"百日计划"、扶持本国中小企业、增加就业岗位。

从目前缅甸的国情来看，旅游业、制造业、农业以及交通运输业等产业均与其国内民生紧密相关。首先，旅游业、制造业等行业能为缅甸国内提供大量的就业岗位，因而成为缅甸政府改善民生的重要抓手。缅甸有 60% 的农业人口，农业作为民生产业日益引起缅甸政府的高度重视。2016 年 6 月，中缅农业合作联委会成立，中缅两国签署了一系列关于农业种植、科研、产品贸易、人员培训等方面的协议。其次，缅甸基础设施条件较差，改善交通运输不仅事关"国计"，也牵涉"民生"。中缅铁路的建设给两国经济文化以及贸易往来带来更大的利益，2015 年 2 月，缅甸首个包括陆海空交通的国家运输总体规划起草完毕。最后，目前缅甸仍以发展高资源消耗、低附加值产业为主。多年的发展并未使本国产业层次和技术水平得到很明显的提升。因此，一些高新技术产业将成为缅甸政府今后重点推进的新兴领域，以增强缅甸在国际市场上的产业竞争力。

（二）实行以沿海港口为主、兼顾内陆的区域发展布局

现阶段缅甸发展战略呈现较明显的区域导向性，主要经济增长点聚焦于南部及东南部沿海港口地带。缅甸于 2014 年 1 月 23 日重新修订并出台了新的《经济特区法》，同期推进"土瓦经济特区"、"迪洛瓦经济特区"及"皎漂经济特区"。缅甸设立的三大经济特区均位于沿海，其中南部的迪洛瓦和东南部的土瓦开发较好。2015 年 12 月 30 日，中信企业联合体中标皎漂深水港工业区项目，为缅甸大选之后中国首次拿下的缅甸大型项目。2016 年 3 月 29 日，广东振戎能源有限公司在土瓦经济特区附近投资的 500 万吨炼油厂项目获缅甸投资委员会批准。

缅甸政府优先发展这些地区主要由于南部历来为缅甸的经济重心所在，其中曾长期作为缅甸首都的南部大城市仰光至今仍有较强的经济辐射能力，而对沿海

港口的开发则更有利于缅甸发展外向型经济。同时，出于区域均衡发展的需要，缅甸政府也正加大对内陆地区的投入。就缅北及缅西边境地区而言，错综复杂的"民地武"冲突、宗教矛盾等问题使得缅甸政府目前对这些地区开发力度有限。但从长远来看，缅甸国内局势总体上趋于稳定，边境地区作为对外开放的前沿将成为缅甸经济新的增长极。

为了吸引外来投资，缅甸制定了《外国人投资法》、《经济特区新法》等相关法律法规，简化对外国投资者的审批程序，为投资者提供"一站式"相关的信息和服务，创造良好的投资环境；明确双方的投资范围和权益，也为缅甸技术转让、环境保护、劳动保护等提供了合理的保障措施。

（三）加大金融业开放与改革力度

历经半个世纪军政府统治和对外封闭经济，缅甸历史遗留问题较多，百废待兴。缅甸在实行对外开放经济政策的同时，也进行了大刀阔斧的金融领域开放与改革。缅甸采取了一系列举措昭示着金融业在缅甸经济发展战略中的地位日益提升，缅甸政府希望通过这些举措进一步缓解财政压力，同时增强缅甸的外资吸引力。

一是推进汇率市场改革，稳定本币汇率。缅甸的汇率市场长期管理宽松，市场上流行的汇率就有四种，包括官方汇率、半官方汇率、非官方汇率和黑市汇率。缅甸资本主义文化在当地已经扎根蔓延，导致黑市横行，缅甸的大部分交易在黑市进行，造成市场秩序紊乱。缅甸的中央银行希望统一这四种汇率，并从2015年开始实施有限制的浮动汇率制度，由中央银行制定期初汇率为818缅元兑换1美元，在每个交易日早上由商业银行竞价，央行以竞标价为基础公布当日参考汇率，规定市场可以有±8%的浮动幅度。然而，为了提高交易利润，商业银行、黑市商人也会在私下进行交易，从而非官方汇率、黑市汇率依然存在。

二是缅甸开始允许外资银行进入本国金融市场。截至2016年3月，缅甸批准了包括中国工商银行、马来亚银行、三菱东京日联、三井住友、日本瑞穗银行、新加坡大华银行等在内的13家外资银行在缅开设分行，但是外资银行的业务受到一定的限制，如外资银行向缅甸国内的企业发放贷款须与本土银行合作办理等。

三是缅甸开始启动证券业发展。隶属于缅甸财政部的缅甸经济银行联合日本大和证券、日本东京证券交易所共同出资设立仰光证券交易所，成为缅甸首个证券交易所，并于 2015 年 12 月开始正式开盘交易，也标志着缅甸的证券业正式起步。开业之后，有 6 家企业获准于 2016 年 3 月正式开盘交易，但暂时不允许外国投资者进场交易，以免担心出现柬埔寨和老挝的类似失败经历。

四是缅甸主动争取获得主权信用评级。主权信用评级是外国投资者判断东道国透明度和信用价值的参考标准，为了吸引外资进入，2015 年，缅甸就主权信用评级问题向花旗集团和渣打银行等咨询银行签署主权信用评级资讯授权协议。[①]

五是积极加入国际金融合作组织。2015 年 5 月，缅甸政府与亚洲开发银行正式签署协议，根据协议内容，亚洲开发银行将为缅甸的私营企业和项目提供包括贷款、投资、担保和贸易融资等服务。2015 年 6 月，缅甸作为意向创始成员国正式签署了《亚洲基础设施投资银行协定》，这也是缅甸加入国际金融合作的里程碑式事件。

三、外交战略

（一）通过大国平衡战略使自身利益最大化

1988 年缅甸新军人政府上台后，以美国为首的西方国家对缅甸实施了一系列经济制裁措施。在此困境下，对中国的倚重成为了当时缅甸外交的支柱。但自 2011 年向民选政府过渡以来，缅甸逐步向民主化转型，与众多西方国家出现关系缓和的迹象。同时，新上台的吴登盛政府开始推行实用主义外交政策，意图通过引入各大国力量并使之相互制约平衡，让自身从中获取最大化利益。2011 年，美国与缅甸的外交关系恢复正常，并且放松了美国对缅甸的援助限制；随后，欧盟紧跟美国脚步，日本也同意免掉缅甸的 27 亿美元债务，同时承诺给予缅甸以百万元计的援助。[②] 2016 年 8 月，缅甸的国务资政昂山素季对中国进行访问，中国即宣布将在 3 年内为缅甸提供 300 万美元援助。总之，缅甸希望其能在对外交往中掌握更多主动权，使其跻身国际政治经济舞台的前沿。

---

① 缅甸央行与咨询银行签署主权信用评级咨询授权协议［EB/OL］．中国驻缅甸大使馆经济商务参赞处网站，http://mm.mofcom.gov.cn/article/jmxw/201508/20150801079543.shtml，2015 - 08 - 13.

② 港报称缅甸欲在中美之间走钢丝：经济仍依赖中国［EB/OL］．参考消息网，http://world.cankaoxiaoxi.com/2015/0316/705925.shtml，2015 - 03 - 16.

（二）通过务实周边外交创造良好的国际环境

尽管近年来缅甸与西方国家的关系大幅改善，但作为主导的仍然是务实的周边外交。它能够创造一个稳定、有序的国际发展环境，对于转型时期的缅甸尤为重要。为真正融入东盟以及加强与东盟其他成员国的关系，缅甸多年来进行了不懈努力。如担任2014年东盟轮值主席国期间，缅甸积极推动东盟经济共同体建设，并于2015年顺利建成，缅甸还以此为契机进一步密切了与泰国、新加坡等国的关系。缅甸民盟领袖昂山素季亦十分重视缅甸与中国、印度、东盟国家等邻国的关系，她曾多次表示"邻居是不可以选择的"。2016年民盟新政府成立后，缅甸首先邀请中国外交部长王毅访问，同时新领导层将2016年东盟轮值主席国老挝作为首次出访目的地。结合所处的地缘环境及当前国情来看，缅甸今后依然会把周边外交置于国家战略的突出位置。

第三节　缅甸与东盟共同体建设

历史上，缅甸由于国内政治因素，历经千辛万苦加入东盟，历程相当艰难，由于西方国家的干预和施压，使得缅甸入盟问题成了东盟手中的烫手山芋。而今，缅甸终于加入东盟大家庭，也成为了东盟共同体建设中的重要一员，与东盟形成了相互依存的关系。

一、缅甸与东盟历史关系

自1988年9月18日军人接管国家政权以来，东盟各国对是否同意缅甸入盟的意见不统一，致使缅甸与东盟的关系迟迟未有较大进展。直至冷战结束之后，西方国家在东盟的影响有了微妙变化，东盟重新调整战略，顶住以美国为首的西方国家压力，在1997年迎接缅甸加入东盟。然而，同年爆发的东南亚金融危机又给东盟国家带来了致命打击，也使得缅甸遭受了入盟后的首次重大危机，与东盟的政治、经济与外交关系未能按照既定轨道发展，而是在曲折中向前调整。

缅甸加入东盟的发展历程：1987年，缅甸表示加入东盟的意愿，东盟并未同意；1992 年，缅甸再次表示加入东盟的愿望，而出于缅甸国内因素和当时整个东南亚地区局势考虑，东盟又一次拒绝了缅甸的请求；1993 年 5 月，缅甸的外交部部长出访菲律宾，期间他表示，缅甸对内方针是民主和市场经济的过渡，对外是早日加入东盟组织；1994 年 5 月，东盟在马尼拉举行非正式会议，在会议上，缅甸签署了《关于建立东南亚十国共同体设想的申明》，稍后，缅甸以"贵宾国"的身份参加了第 27 届东盟外长会议；1995 年，缅甸再次以"贵宾国"的身份参加了第 28 届东盟外长会议和第 5 届东盟首脑会议；1996 年 7 月，以美国为主的西方势力依然对东盟接纳缅甸施压，东盟抵住了压力邀请缅甸继续参加第 29 届东盟外长的会议，而且在这次会议上还把缅甸升格为东盟观察员国，同年 12 月，在举行的首次东盟首脑非正式会议上，东盟表示将在 1997 年考虑正式吸纳缅甸加入；1997 年，缅甸加入东盟的呼声越来越高，而美国也进一步施压，对缅甸实施经济制裁，东盟国家对于美国霸权提出了反对，并纷纷表态支持缅甸，同年 7 月，缅甸终于正式成为东盟成员国。东盟轮值主席国每年在 10 个成员国中轮换一次，2013 年 10 月 10 日，在第 23 届东盟峰会及东亚领导人系列会议上，缅甸总统接过象征东盟轮值主席国职务的小木槌，这意味着缅甸接任 2014 年东盟轮值主席国。至今，东盟成员国有印度尼西亚、新加坡、泰国、菲律宾、马来西亚、文莱（1984 年）、越南（1995 年）、老挝（1997 年）、缅甸（1997 年）、柬埔寨（1999 年）10 个国家。

东盟最终接纳缅甸的加入，主要出于以下三个方面的考虑：一是从政治角度出发，缅甸位于东南亚、南亚与中国之间，具有重要的地缘位置，出于面积和安全因素，东盟不愿意缅甸游离于自己的阵营之外，而是希望扩大缅甸为自己的政治同盟，构建大东盟以实现国际地位的提升。从当时的形势考虑，缅甸的加入有助于增强东盟的综合实力，从而提高东盟与西方国家政治博弈的筹码，从而在未来东南亚和亚太事务中占据一席之地。二是从经济角度出发，处于相似地理位置上的缅甸、老挝、柬埔寨三国中缅甸的经济实力最强，并且缅甸的矿产资源、劳动力资源、渔业资源丰富，缅甸的加入也将增强东盟经济共同体的整体经济实力。三是从安全角度出发，受西方霸权主义的牵制，东盟急需制定大东盟战略，构建地区安全联盟保障机制，缅甸的加入更有助于提高东盟制衡大国的底气。

缅甸在 1988 年之后更加迫切地希望加入东盟，主要出于以下考虑：一是加入东盟意味着东盟其他国家对缅甸军政府的认可，缅甸获得东盟政治上的庇佑，从而进一步获得存在的合法性；二是希望通过入盟获得东盟的外交支持，利用东盟在国际上地位以及它与西方国家的良好关系来摆脱孤立，扩大国际交往和改善与欧美国家的关系；三是缅甸政府认为入盟后，可以从东盟国家获得更多的经济援助和投资，也摆脱以往过度依赖中国的形象，给本国经济注入新的活力，以尽快改变国家贫穷落后的面貌，稳定局势，巩固政权。①

东盟作为东南亚国家政府间的合作组织，在国际上已经取得了重要的影响地位，各成员国共同创造了和平稳定的地区环境，使各成员国的经济在近30年内获得了重大发展。1988年缅甸军政府上台，东盟和美国、欧盟的对缅制裁政策截然不同，也与中国不干涉内政的政策有所差别。东盟在经济危机前对缅实行的是"积极接触"政策，并在这一政策的指导下接纳了缅甸入盟；在经济危机后则在继续实行这一政策的同时，也开始实行"增进互动"政策，加大对缅的影响力。在逐步摆脱了1997年爆发的亚洲金融经济危机后，缅甸在人权和民主问题上对东盟构成了越来越大的威胁。缅甸问题已不再是其自身的问题，它影响到了缅甸和西方国家及东盟国家的关系。这一问题给缅甸带来了前所未有的国际压力，造成了东盟内部成员国之间的矛盾。但是缅甸依然积极参加东盟事务，与东盟高层互访增多。而后，随着东盟经济形势的好转，缅甸与东盟的政治关系有所修复。在经济层面上，缅甸与东盟的经贸合作在缅对外经济关系中占举足轻重的地位。

由此可见，缅甸与东盟之间存在着一种相互依存、相互补充的关系，是一个不可分割的整体。一方面，缅甸处于中国、日本、西方国家与东南亚国家之间相对微妙的地位，失去东盟大阵营，缅甸将会在大国之间陷入孤立状态，特别是西方国家对缅甸的人权状况和民主进程施加了很大的政治外交压力，曾一度受到美国的经济制裁，因此缅甸新政府执政以来，一直积极发展东盟的友好关系，促进缅甸与东盟各国的政治、经济关系。另一方面，东盟失去缅甸，则东盟组织特别是东盟共同体的建设将是失败的，作为一个完整的组织，东盟在不干预内政的原则之下，保持了对缅甸的建设性接触，在一定程度上促进了缅甸的改革进程，鼓励缅甸参与地区事务，帮助缅甸恢复国际地位。

---

①　贺圣达、李晨阳. 缅甸［M］. 北京：社会科学文献出版社，2005：372.

二、东盟共同体建设对缅甸的发展机遇

2015 年 12 月 31 日，东盟国家在共同利益和地区认同的基础上进一步建立了东盟共同体（ASEAN Community，AEC）。东盟共同体是旨在建设包括缅甸在内的东盟内部单一市场和生产基地，消除成员国之间的经济贸易壁垒，这是东盟进一步一体化的体现。东盟共同体是为了维护东盟国家在国际上的共同权利与利益而建立起的一系列合作机制实体组织，包括东盟经济共同体、东盟安全共同体和东盟社会文化共同体三大支柱。

缅甸在加入东盟经济共同体（ACE）后，国外的产品将可以自由地进入到缅甸国内市场，同样缅甸的产品也将在没有任何贸易壁垒的情况下，进入他国市场。然而，缅甸的生产加工能力相对区域内是明显落后的，目前 90% 的企业为中小企业，与外国企业相比，这些企业的产品在质量和价格上缺乏竞争力，还受到金融支持不足、电力短缺、基础设施建设和经济政策落后等因素制约。

缅甸中小企业在国际市场竞争中，抗压能力不足，随着东盟经济共同体大量的外国商品的涌入，也将会对其造成重大冲击。因此，为确保国内生产企业能够渐进式地提高竞争力，缅甸需要制定适应东盟共同体建设的法律法规，为国内企业营造一个较能平等竞争的过渡期。首先，不仅需要为国内生产加工企业起到关键性的保护作用，使国内企业尽可能少受到来自东盟区域内乃至国际市场的冲击，使企业有一个良好的发展环境；其次，还应尽可能地使企业快速地提高生产力，为此缅甸与世界贸易组织协商制定了一个"缅甸出口商品五年计划"；最后，缅甸也要承担成员国之间的义务和责任，为国外商品进入本国市场创造有利的条件，同时与世贸组织所制定的世贸规则避免抵触，成为遵守世界贸易组织游戏规则的一员。

为了促进贸易，缅甸已做出一定努力，自 2013 年起，缅甸提出削减贸易税。由于当时在经济政策方面仍存在缺陷，且较少人知道如何利用减税优惠政策，从而错失了适合发展贸易的有利条件，此举收效甚微，2014~2015 财年贸易额仅达到 290 亿美元。截至 2015 年底，缅甸的贸易金额为 218.7 亿美元，在东盟国家中排名靠后（见图 6-1）。其中的原因，也有挥之不去的美国贸易制裁遗留下的影响、高昂的物流费用以及不完善的基础设施建设。

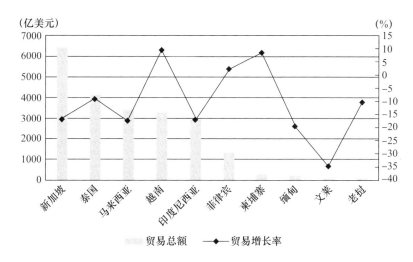

图 6-1 2015 年东盟十国对外贸易总额和增长率

数据来源：Wind 资讯。

在东盟共同体正式建立后，缅甸需要开放贸易边界，形成一个单一的经济共同体。到 2015 年底，缅甸外商投资直接投资净流入总量为 40.84 亿美元，与 2014 年相比增长了 87.8%，是东盟十国中增长最快的国家（见图 6-2）。

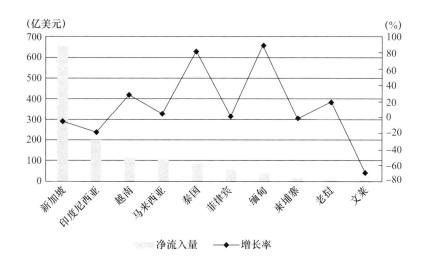

图 6-2 2015 年东盟十国外商直接投资净流入量和增长率

数据来源：Wind 资讯。

从缅甸加入东盟到东盟共同体成立的历程来看，缅甸一方面不断积极加入区域内部市场一体化，即使面临西方国家的重重压力，依然没有选择保护主义，闭关锁国；另一方面缅甸深知东盟内部资源有限，也在不断利用东盟 10 + 3 合作平台，加强与中日韩等外部经济体的贸易合作，特别是"携手建设中国—东盟命运共同体"倡议的提出，得到了缅甸的积极响应，希望借助更多的国际志愿，壮大自己的综合实力，未来的发展前景也更加光明。当然，东盟共同体的建立并非意味着东盟区域合作的完成，而是区域合作的新开端。不可否认，缅甸在未来也将面临一系列的挑战，其中包括了地缘政治、经济发展不平衡问题，同时还需要以新的身份与区域大国的发展战略实现对接。

第四节　缅甸与"孟中印缅"经济走廊

缅甸与孟加拉、中国、印度三国在地理上山水衔接，具有丰富的资源禀赋，并且存在互补关系，四个国家的合作历史源远流长。孟中印缅经济走廊幅员辽阔，物产丰富，对于缅甸来说，既可以促进缅甸与区域内合作伙伴国的互联互通、经济互补，又有利于推动缅甸的对外开放与共同发展，创造一条"新茶马古道"。

一、缅甸参与"孟中印缅"经济走廊概况

（一）"孟中印缅"经济走廊的形成

20 世纪 90 年代末期，中国学者首次提出了孟中印缅区域合作构想；1999 年，来自孟中印缅的学者在云南昆明举行了第一次孟中印缅（BCIM）地区经济合作论坛，并代表签署了《昆明倡议》，在学术交流层面上取得初步合作，但存在合作层次低、规模小的问题；直至 2013 年 5 月，中国总理李克强在印度访问期间，双方共同签署了《中印联合声明》，才将孟中印缅经济走廊建设提升到国

家层面[1]; 2013 年 10 月，印度曼莫汉·辛格总理出访中国，双方签署了《中印战略合作伙伴关系未来发展愿景的联合声明》，正式组建孟中印缅经济走廊工作组; 2013 年 12 月，孟中印缅经济走廊四方联合工作组第一次会议在中国昆明举行，会议上各方代表探讨了经济走廊的建设前景、优先合作领域、合作机制建设等议题。从此，四国对建设孟中印缅经济走廊达成共识，并开始着手实施，将经济合作走廊走向实践; 2015 年 1 月，中缅原油管道起点缅甸马德岛正式开港。

（二）"孟中印缅"经济走廊的动态

孟中印缅经济走廊总覆盖面积约 165 万平方公里，约 4.4 亿人口，辐射作用将带动南亚、东南亚、东亚三大经济板块联合发展，占据有利的地缘战略位置。[2] 孟中印缅经济走廊东起昆明（中国），西至加尔各答（印度），跨越了大片地区，其关键节点包括曼德勒（缅甸）、达卡（孟加拉）、吉大港（孟加拉）和其他主要城市和港口。随着交通、能源、电信网络的联通，孟中印缅经济走廊将带动沿线国家和地区的兴旺和发展。在这条经济走廊中，一方面，各国可以加强彼此之间的交通运输联系，降低区域内贸易运输成本；另一方面，根据各国不同的比较优势，可以促进资源和生产要素在区域内的自由流动，通过产业分工协作实现经济走廊沿线国家的互补互惠、共同发展。在当今贸易保护主义抬头的国际形势下，孟中印缅经济走廊对孟中印缅四国长期经济合作仍然具有重要的意义。

2014 年 12 月，在孟加拉国库科斯巴扎举行了孟中印缅经济走廊联合工作组第二次会议，此次会议就经济走廊的发展前景及方向展开了广泛讨论，并发表了《联合会议纪要》声明：孟中印缅经济走廊联合工作组将准备四份国家报告，这些报告聚焦于孟中印缅经济走廊的制度建设、目标、概念、范围（适用地区）及要素，以及合作的框架和形式。每份报告将确定行动区域和具体计划，集中精力挖掘该走廊的潜力并深化整体经济合作。然而，会议的主要议题是 K2K 互联互通项目，这个把昆明、瑞丽、八莫、腊戌、曼德勒、塔姆、英帕尔、锡尔赫特达卡、加尔各答连成一线的计划将给孟中印缅经济走廊提供最好的条件，这条线

① 中华人民共和国和印度共和国联合声明［EB/OL］. 新华网，http://news. xinhuanet. com/world/2015 - 05/15/c_ 1115301080. htm, 2013 - 05 - 20.

② 中印缅孟经济走廊，四国心气渐高［EB/OL］. 新华网，http://news. xinhuanet. com/world/2013 - 05/24/c_ 124758909. htm, 2013 - 05 - 24.

缅甸国情报告（2015~2016）

路长达 2800 公里且与部分古丝绸之路重叠。此外，据估计，该项目的总成本大约 220 亿美元。工作计划有望在孟中印缅经济走廊联合工作组第三次会议上完成。

2015 年 2 月在缅甸仰光召开第 12 次孟中印缅地区合作论坛，这是缅甸第三次举办孟中印缅地区合作论坛。本次论坛的主题是"孟中印缅地区加强合作"，并被解释为"把互联互通作为深化并推广在诸如贸易、投资、能源、基建和旅游业等领域进行合作的关键因素"。[①] 会议围绕主题展开了"通过发展项目减贫"、"提升孟中印缅经济走廊连接"和"孟中印缅地区人文合作" 3 个分议题。

二、缅甸参与"孟中印缅"经济走廊的意义

（一）"孟中印缅"经济走廊对缅甸的重要意义

缅甸是联结东南亚和南亚、中东的重要走廊，也是通往印度洋的必然通道，在区域互联互通中具有先天地理优势。因此，缅甸作为地区枢纽，在孟中印缅经济走廊区域合作中具有独特的重要性，与各方的互利空间可观。

缅甸虽然受限于西方制裁的影响，经济发展落后，但其拥有东盟第三大国土面积，国内的矿产资源、劳动力资源丰富，具有很大的市场合作发展潜能。一方面，缅甸可以利用后发优势，跳跃部分壁垒和阶段，实现区域合作下的经济跨越式发展；另一方面，缅甸在当前的合作机制下，可以将本国的社会、文化等元素融入包括中国在内的地区合作中，从而能适应本地区传统历史文化和缅甸当前经济发展的需求，开展一种全新的合作模式。

首先，在货物贸易上，缅甸可以利用自己的地理枢纽优势，完善交易运输等配套的基础设施建设，为缅甸与各合作方搭建畅通的物流运输通道；其次，在产业布局上，缅甸可利用区域内产业协作机会，调整和优化本国的产业结构，对传统产业进行技术创新、组织结构创新和管理创新，将先进技术、资金和人才吸纳进来，融入地区的共同繁荣之中；最后，在人力资源上，缅甸拥有大量劳动力资源，可以在区域经济合作中充分利用合作项目平台，创造就业机会，学习先进的

---

① 孟中印缅地区合作论坛第十二次会议在缅举行 ［EB/OL］. 中华人民共和国商务部网站，http：//www. mofcom. gov. cn/article/resume/n/201502/20150200898864. shtml，2009 - 07 - 28.

管理技术，同时也改善国内的民生状况。

在缅甸次区域合作背景下，孟中印缅经济走廊占有重要地位，对于推进缅甸水利交通建设、加快经济增长、扩大对外经贸往来等方面起到了积极推进作用。缅甸政府对于合作机制下的多数项目抱有肯定的态度，认为这些合作项目拉动了缅甸的经济发展，同时也希望双方合作中增加沿线基础设施建设和当地的民生领域投入，从而不仅能通过合作取得有效成果，同时也有助于改善缅甸的人民生活水平。

在未来的区域合作中，缅甸市场将进一步开放，尤其是与缅甸接壤的中国企业在缅甸的投资发展必将会有更大作为和合作前景，其中电力能源和交通运输是外商投资合作的重要领域。一是缅甸当前的电力行业存在着70%的电力缺口且需要填充，2016～2030年，缅甸计划花费58亿美元实现户户通电计划，在实际措施方面，缅甸成立了关于中缅密松水电站项目的审核委员会，正积极寻求能为双方实现互利共赢的合作途径。二是缅甸的对外贸易运输主要依靠水路进行，目前，缅甸正积极筹建与周边国家相联结的经贸公路，借助于中国、东盟国家的援助，部分交通运输项目已经施工。三是缅甸拥有丰富的石油、天然气等能源资源，这在孟中印缅四国具有资源结构互补优势，从而孟中印缅经济走廊可以向缅甸提供急需的资金、技术和市场。

（二）"孟中印缅"经济走廊在缅甸推行面临的困境

1. 经济走廊合作的认知度较低

自2013年孟中印缅经济走廊建设的政府间进程正式开启至今，虽然得到缅甸的积极响应，但对此经济走廊建设的认知仅局限在缅甸的政府主管部门，没有得到真正的推广落实。这一方面是由于缅甸已参加了多个国际合作机制，如大湄公河区域合作组织（GMS）、中国—东盟自由贸易区和区域全面经济伙伴关系协定（RCEP）等，尚不明确孟中印缅经济走廊合作与其他多边合作机制之间的区别与联系。另一方面则是由于相关宣传力度小，对社会公众的认知引导作用弱。缅甸正处于民主化进程中，民意对于政府对外政策、决策有比较大的影响。作为推进经济走廊合作的牵头部门，缅甸外交部表达了经济走廊合作不应以政府推动为主，而应更多地扩大公众参与度，主要是民意推动的观点。而目前缅甸国内社会公众对孟中印缅经济走廊的认知度低，直接制约了形成有利于合作的民意基础，这也为相关部门迟滞合作推进提供了借口。

2. 缅方合作动力有所减弱

就目前情况看，与中印共同倡议建设孟中印缅经济走廊时相比，孟缅两国推进合作的动力有所减弱。就缅甸而言，推进经济走廊合作的动力在减弱。一方面，在中印两个大国关系未能取得突破性进展的情况下，缅方认为其夹在大国中间难以找到合适的位置。另一方面，其认为既有的双边问题若不能得到妥善解决，如缅孟之间的罗兴亚人和非法移民、中印边界争端、孟印之间移民问题等，经济走廊的安全性会受到挑战，经济合作也难以实质推进。同时缅方期望中国能在缅北和谈中发挥更积极的作用，更看重中缅双边合作。

3. 中国与缅甸的合作思路未形成有效对接

中国一直比较重视以交通互联互通为重点，以大项目合作为主要依托来推进经济走廊建设。中巴经济走廊合作事实上采取的就是这样的推进方式，并且确实也取得了比较好的效果。因此，参照中巴走廊推进孟中印缅经济走廊合作成为比较主流的看法。但从磋商的情况看，缅甸目前对推进大项目合作和率先实现道路互联互通的顾虑较多。其担心与孟加拉道路连通后会带来更严重的非法移民等问题，对交通互联互通并不积极。同时，其还强调大型基础设施建设必然会涉及征地、拆迁和补偿，在推进走廊合作的民意基础尚不稳固的情况下，民众短期难以看到互联互通能够带来的发展好处，也难以形成正确的认识，反而可能被误导而引起反对合作，使走廊建设陷入被动状态。综上，中国在推进孟中印缅经济走廊建设中，需要转变重点以大项目带动合作的传统思路。

三、缅甸参与推进"孟中印缅"经济走廊建设建议

（一）在兼顾大项目与民生合作的基础上更突出民生合作

经济走廊建设能否成功的关键在于是否能对沿线区域的经济社会发展产生持久深远的影响。大项目合作能够带动大规模资源投入，使各方能比较深入地投入合作，合作周期相对较长；民生合作能在相对较短的周期内更有针对性地满足普通民众的发展诉求，提高对走廊合作的认知度和认可度，有助于形成由下向上推动经济走廊合作的氛围。考虑到孟印缅三国目前的合作意愿和合作基础，多边大项目合作的实质推进需要相对较长的周期，并且大项目合作如基础设施互联互

通、资源开发合作等需要配套推进民生项目，如扶贫、医疗援助、技能培训等，为大项目合作的顺利推进奠定基础。因此，在兼顾大项目与民生合作的基础上，短期内要更突出民生合作，多推进能够切实造福民众，使民众可直接感受到合作好处的项目，通过这些项目深化经济走廊的影响。

（二）以双边合作来带动多边合作

考虑到孟中印缅四国之间存在着各种历史遗留的双边问题，推进四国共同参与的合作项目难度比较大，可以在经济走廊建设的总体框架内，根据不同的双边利益契合点有针对性地推进双边合作，以双边合作来为多边合作奠定基础。相比较而言，中缅合作应作为近期工作重点推进。缅甸对维护中国周边安全环境和拓展发展空间的战略意义更为重大。在缅甸民主化进程取得重大进展和中缅关系开启新篇章的背景下，打破中缅合作僵局、做活中缅合作，既有助于巩固和扩大中国对缅甸的影响及维护对缅的战略利益，又有助于对中孟合作形成激励效应，从而有利于形成多边合作的扎实基础。

（三）以皎漂项目为切入点，深化多边合作

中信企业联合体中标的项目包括皎漂深水港和工业园区。在目前条件下，应按照将其打造成多方合作共赢平台的目标来推进合作。通过皎漂项目可以促进中缅通道建设，使互联互通与经济发展相得益彰。可见，应将皎漂工业园区建设成国际合作的项目，可协调缅甸政府对印度和孟加拉在工业区的投资并给予一定优先考虑，使他们也能分享发展机会，增强各方参与合作的动力。可在皎漂港与吉大港之间建立联运机制，既有助于提高港口运营收益水平，也能密切孟缅两国联系，为通过发展带动解决历史遗留问题创造机会。

（四）积极利用中国对经济走廊的引导作用

中国目前非常重视孟中印缅经济走廊建设，期待以合适的方式向走廊地区输出中国的发展理念、技术规范和行业标准等。缅甸可以借此时机，利用中国的软实力建设发展自身经济。从既有地区实践看，日本主导的亚洲开发银行（以下简称"亚行"）通过技术援助业务（如帮助成员国制定发展规划、培训人员等能力建设）为亚行贷款提供支持且有效扩大了区域影响。而中国主要借鉴亚行做法，考虑由亚洲基础设施银行或援外资金提供资金支持，以技术援助的形式支持孟印缅编制发展规划、开展技术规范和行业标准研究活动，公开招标具体执行机构，以更多样化的形式深度参与能力建设，有效发挥引导作用。缅甸可以充分利用中国的一系列援助政策，推进自身基础设施建设。

第五节　缅甸与"澜沧江—湄公河"合作机制

澜沧江—湄公河次区域合作机制（以下简称澜湄合作机制）是由澜沧江—湄公河沿线的 6 个国家，即中国、缅甸、老挝、泰国、柬埔寨和越南共同组成的多层次、实质性的次区域合作机制。该合作机制是在大湄公河次区域经济合作的基础上延伸出来的，目前经过各国政府的共同推动，成为了亚洲地区的一个重要经济合作区域之一。①

一、缅甸参与澜湄合作机制概况

澜湄合作机制兴起于 20 世纪 90 年代初，最早是由亚洲开发银行倡导的大湄公河次区域经济合作（GMS），期初该区域合作主要是以经济为主，随着非传统安全、合作深化等问题的出现，泰国建议构建"澜沧江—湄公河"合作机制，以解决当时经常发生的洪涝灾害，中国在此基础上顺势建议打造以澜沧江—湄公河为主轴，涵盖各个领域的次区域合作，并得到了其他五国的积极响应。相对于原有的湄公河合作机制而言，澜湄合作机制包含的内容更加广泛，在 GMS 的基础上，增加了金融货币、航运安全、跨境水资源、国际扶贫、边境安全监管等内容，成为了目前亚洲地区最成功的次区域合作之一。近两年来，缅甸也积极参与澜湄合作机制及区域内事务，缅甸外交部、交通部对新机制的项目规划与实施也非常重视。

2014 年 11 月，李克强总理在缅甸首都内比都召开的第十七次中国—东盟领导人会议上提出，"为促进东盟次区域发展，中方愿积极响应泰方倡议，在

---

① 澜沧江—湄公河国家产能合作联合声明［EB/OL］. 人民日报，http://paper.people.com.cn/rmrb/html/2016 - 03/24/nw. D110000renmrb_ 20160324_ 3 - 09. htm，2016 - 03 - 24.

'10 + 1'框架下探讨建立澜沧江—湄公河对话合作机制"。①

2015 年 1 月，缅甸在内比都举行第四次湄公河区域环境部长会议，会议以增加次区域自然资本投资为主题。

2015 年 4 月和 8 月，缅甸参加了在北京和泰国召开的第一次和第二次澜沧江—湄公河对话合作外交高官会，与各国代表讨论了澜湄合作概念文件、"早期收获"项目和首次外长会相关安排等事宜。②

2015 年 4 月 6 日，缅甸参加在北京举行的首次澜沧江—湄公河对话合作外交高官，此次会议主题为"六个国家，一个命运共同体：建立澜沧江——湄公河对话合作机制，促进次区域可持续发展"。

2015 年 9 月，老挝、缅甸两国间的第一座湄公河大桥正式通车。

2015 年 10 月，缅甸外交部部长吴温纳参加在云南举行的首届澜湄合作机制外长会议，讨论澜湄合作机制的目标、重点领域以及早期收获项目。期间还与中国外交部部长王毅就澜湄合作进行了会谈。

2015 年 11 月 12 日，"澜沧江—湄公河合作机制"正式成立，并作为中国推进区域合作和周边外交的一项重要举措和澜沧江—湄公河流域六国共商、共建、共享的次区域合作平台。

2016 年 3 月 24 日，澜湄合作首次领导人会议在海南三亚举行，澜湄合作机制建设进入全面推进阶段。会议确定了澜湄合作机制的"3 + 5 + 3"合作框架，包括：3 个维度，即政治安全、经济与可持续发展、社会文化；5 个优先方向，即互联互通、产能合作、跨境经济合作、水资源合作、农业和减贫合作；3 个支撑，即政策、金融、智力。

2016 年 11 月 15 日，2016 澜沧江—湄公河次区域国家商品博览会在云南举行，各国代表参加此次交流。

在澜湄合作机制下，缅甸参与项目也取得了一定收获。如各国合作开展的湄

---

① 李克强主持澜沧江—湄公河合作首次领导人会议时强调，携手打造澜湄国家命运共同体 [EB/OL]. 中央政府门户网站，http：//www. gov. cn/guowuyuan/2016 - 03/23/content_ 5056912htm，2016 - 03 - 23.

② 外交部副部长刘振民出席第二次澜沧江—湄公河合作高官会 [EB/OL]. 中华人民共和国外交部网站，http：//www. mfa. gov. cn/web/wjb_ 673085/zzjg_ 673183/yzs_ 673193/xwlb_ 673195/t1290298. sht-ml，2015 - 08 - 21.

公河航道整治、港口建设和综合开发项目取得了一定的成果，航道条件得到了改善，为打造成国际"黄金水道"，缅甸可以加强与沿线各国的通航安全保障，降低运输成本，这也为缅甸的旅游业、贸易往来带来了福音。缅甸也希望新机制的基础设施项目能更好地服务当地经济发展，通过互联互通项目，帮助缅甸搭建铁路公路和光线通信连接，从而带动旅游业以及相关产业的发展。

二、缅甸参与澜湄合作机制的合作建议

（一）推进以跨境铁路建设为主的互联互通建设，提升次区域产能合作

缅甸应该将澜湄合作提高到国家战略层面，争取在交通基础设施领域确定一批早期收获项目，积极吸引来伙伴关系国的直接投资、工程承包、技术合作等多种方式下的贸易投资合作，推进与完善湄公河国家的产能合作机制建设。依据相关国家法律框架和发展的实际情况，依托交通互联互通和产业集聚区的平台，优先推进电力、电网、汽车、冶金、建材、配套工业、轻工纺织、医疗设备、信息通信、轨道交通、航空运输、装备制造、可再生能源、农业以及农产品和水产品加工等领域的产能合作。[①]

缅甸在未来的澜湄合作机制中可以利用区域合作互联互通诉求契机推进本国基础设施建设，也可以借鉴中老铁路推进以跨境铁路建设为主的互联互通合作项目，同时要避免类似中泰铁路意外而造成的项目搁置。

搭建产能合作需要重视湄公河国家的产能合作需求，对接各国重大发展战略，如中国的"供给侧结构性改革"、柬埔寨的"四角战略"、老挝的"变陆锁国为陆联国"战略和泰国的"超级产业集群"构想等，形成有效需求的产能对接。缅甸可以在澜湄合作机制下，利用合作机制平台，深入研究多边或双边的产能合作环境，探讨"建营一体化"的创新性国际产能模式。在此基础上，改善地区产能分布，优化缅甸的产业机构，促进缅甸的工业化、城市化建设，提高缅甸在全球价值链中的地位和本国经济的可持续发展能力。

（二）推进湄公河流域执法安全合作

虽然澜沧江—湄公河航道已经进入整合阶段，但是，就目前状况来说，仍然

---

① 澜沧江—湄公河国家产能合作联合声明［EB/OL］. 人民日报，http://paper.people.com.cn/rmrb/html/2016-03/24/nw. D110000renmrb_ 20160324_ 3-09. htm，2016-03-24.

存在一定的安全隐患，商品走私、人口拐卖、毒品泛滥等跨境犯罪活动屡禁不止，并非全程安全、适航。湄公河流域的安全需要依靠缅甸与中国、老挝、柬埔寨和泰国的合力保障，在湄公河流域进一步清除非传统安全障碍。因此在澜湄合作机制下，缅甸作为机制内成员，应该扩大安全合作范围，积极向湄公河流域的综合型执法安全多边合作升级转型。

（三）加强文化交流与人文合作

与此同时，澜湄合作机制多数存在于政府高层合作，民间对此知之甚少，部分地区甚至盛行民族资源保护主义，害怕大国掠夺本国资源，中缅密松电站被搁置就是一个实例。部分民间观念认为缅甸没有必要加入合作机制，对于"要想富、先修路"的理念也并不赞同，甚至部分缅甸政府部门对于外资的进入持有保守态度，本国保护观念较强，甚至外资在缅甸成为了一种当地政府依赖的"唐僧肉"。

缅甸不仅要向本国的政府部门开展系统性宣传，而且也应将合作机制理念向基层民众推广，有意识开展生态环保、民俗文化、体育赛事等多种民间交流公益活动，借力技术培训、学历教育、研修、考察交流等多种方式的人才交流和培养模式，打造宽领域、多层次、广覆盖的人文合作交流，促进本国与他国的文化交流和人文合作。

（四）注重澜湄合作机制与区域内现存机制的协调问题

在湄公河流域出现"机制拥堵"现象，多种合作机制长期并存，这些机制既松散灵活，其开放性各有特点，也在合作目标、领域、项目等方面存在着交叉重叠的现象：

一是大湄公河次区域经济合作（GMS）。1992 年，GMS 由亚洲开发银行倡导成立，主要合作领域集中于交通、能源、电信、环境、旅游、人力资源开发以及贸易与投资等方面。

二是美国发起的"湄公河下游倡议"（LMI）。2012 年，缅甸加入 LMI，同年 8 月 LMI 部长会批准了"LMI 行动计划"（2016 ~ 2020 年），加强美国与湄公河国家在农业和食品安全、互联互通、教育、能源安全等领域合作。

三是日本主导的日湄合作。从 2009 年 10 月开始，日本和柬、老、缅、泰、越五国每年定期召开"日本—湄公河首脑会议"。2015 年 7 月，日本首相承诺将在未来 3 年内为湄公河国家提供 7500 亿日元援助。

四是印度发起的"湄公河—恒河合作倡议"（MGCI）。2000 年，印度为了加速推进东进政策而提出该倡议。2010 年，印度进一步提议"湄公河—印度经济走廊"项目，拟兴建一条连通印度和湄公河地区的贸易大通道。

五是韩国主办的"韩国—湄公河国家外长会议"。自 2011 年第一次举办该会议，韩国就不甘落后，积极推行湄公河开发战略。

围绕湄公河流域"合作圈"的多边机制林立，但各机制的合作基础、侧重领域、主导国投入力度皆存在差异。总体来说，缅甸在这些合作机制中多数是处于相对被动境况，不是机制的"动力源"，也体现了大国在湄公河的纵横捭阖。缅甸与区域内其他国家既存在多重合作，又存在矛盾以及利益之争。

缅甸应该对机制林立保持开放、灵活态度，将澜湄合作机制定位为原有的大湄公河次区域经济合作的延伸、升级，多种合作机制并非此消彼长的关系。缅甸应该在澜湄合作机制的主导下，与区域内原有的机制、渠道开展有效对接和升级，加强与伙伴经济国的经贸合作联系，既要处理好大国之间的关系，也要加强与区域内现存的多重合作机制沟通协调，防止竞争割裂东盟大家庭的团结，促进本国经济良性发展。

第六节　缅甸与"一带一路"倡议

2015 年 3 月 28 日，中国国家发展改革委、外交部、商务部联合发布《推动共建丝绸之路经济带和 21 世纪海上丝绸之路的愿景与行动》，该文件体现了中国国家层面与包括缅甸在内的"一带一路"沿线国家合作的纲领性规划。

从地理上看，缅甸在地缘上毗邻印度洋，连接着中国与印度、南亚与东南亚，是中国进入印度洋最便捷的地点，也是"一带一路"倡议的关键节点之一。从历史上来看，缅甸与中国传统友好，政治互信度高，两国之间的经济贸易往来较为密切。从目前来看，缅甸新政府刚刚上台，在政治外交上也倾向于寻求像中国这样的大国承认，同时，缅甸的经济发展属于起步阶段，尤其是对基础设施建设具有较大的投资规划诉求，也正符合中国"一带一路"倡议中"政策沟通、设施联通、贸易畅通、资金融通、民心相通"的"五通"愿望。

一、缅甸参与"一带一路"倡议概况

由于缅甸长期遭受西方国家的经济压制，导致本国的基础设施建设、资金和技术较为落后，缅甸新政府上台，急需新的区域合作来摆脱当前的困境。正在此时，中国提出了"一带一路"倡议，旨在推动区域互联互通，在"互惠互利、富邻安邦"的原则下，为缅甸在内的沿线国家在边境贸易、道路交通、电子信息、矿产合作等领域提供区域经济合作空间。

缅甸政府高层积极与中国对接，在外交上加大投入力度。2009 年 3 月至2010 年 6 月，缅甸接待了中国三位中央政治局委员的访问，共同签署了 35 个经济合作协议，使中缅关系发展水平达到一定的历史高度；2010 年 9 月，缅甸和平与发展委员会主席丹瑞大将访问中国；2015 年，缅甸与中国高层多次会晤，同年 4 月，习近平主席在印度尼西亚雅加达会见缅甸总统吴登盛，双方就"一带一路"问题进行磋商，吴登盛政府表态支持，同年 6 月，昂山素季率领全国民主联盟代表团访华，也表达了对"一带一路"倡议的认同；2016 年新政府上台后，缅甸国务资政昂山素季在东盟内部访问之后，将中国列为首个出访国家，缅甸重申了欢迎中国"一带一路"倡议的立场；2016 年 9 月，缅甸副总统吴敏瑞在会见云南省长陈豪时表示缅甸愿意支持并积极参与"一带一路"建设，推动孟中印缅经济走廊建设。

与西方国家不同，中国主张"睦邻、安邻、富邻"的周边政策，与缅甸的重要合作项目包括密松电站、中缅油气管道、中缅铁路以及皎漂经济特区等。与此同时，缅甸在其"国家全面发展 20 年规划"中，划定了"迪拉瓦经济特区—妙瓦底边境口岸经济走廊"和"皎漂经济特区—木姐边境口岸经济走廊"两条连接经济特区和边境口岸的经济走廊。在未来的"一带一路"倡议中，缅甸与中国的经济合作，可以考虑适应缅甸的国家发展规划，利用这两个经济走廊将缅甸与"一带一路"的生产网络及全球市场连接起来，推动缅甸经济产业多层次发展。

缅甸精英阶层对"一带一路"倡议持有积极的态度，但是目前特别是吴登盛执政期间尚未取得实质性深入合作进展，同时缅甸的民众对于这一倡议知之甚少，也不乏部分政府官员对此保持谨慎态度。由此可见，未来缅甸参与"一带一路"合作需要开展"政策相通，民心相通"的系统宣传。

与此同时，我们也看到"一带一路"合作在缅甸实施具有较大的局限性。首先，美国直到 2010 年才开始解除对缅甸的经济制裁，使得缅甸在过去的发展时期里交通基础设施建设较为落后，据世界银行的数据显示，缅甸是世界上交通状况最差的国家之一，也必阻碍缅甸的对外贸易发展；其次，缅甸的政治局势动荡不安，地方民族形势复杂，缅甸政府与缅北民地武装冲突升级，大规模的外商投资将会面临投资安全缺乏保障、贸易成本居高难控等一系列问题，同时，中国进入缅甸的投资商缺乏与民间基层的沟通，使得当地居民对中国企业存在误解，中缅关系猜忌丛生。例如密松水电站由中国企业全资建设，电力大部分输送回中国，经营所得为中国企业和缅甸政府支配，但当地居民所知甚少。

二、缅甸与"一带一路"倡议的合作建议

缅甸积极参与"一带一路"倡议行动，在农业、基础设施、医疗、教育、水利等领域进行了一系列的合作，从中获得了对缅甸经济发展与民生改善的支持。"一带一路"倡议与缅甸国家战略关系密切，主要体现在线路框架、合作内容与机制、地区开放态势等方面，对于今后中缅战略合作具有重要的导向意义。

（一）线路框架方面

根据规划，"一带一路"中的"丝绸之路经济带"又分为西北线（至波罗的海）、西线（至波斯湾、地中海）和南线（至东南亚、南亚、印度洋），而"21世纪海上丝绸之路"也分为西线（至印度洋、欧洲）和南线（至南太平洋）。缅甸既是"丝绸之路经济带"南线（南方丝绸之路）的必经之地，也是"21世纪海上丝绸之路"西线的主要节点。

由此可见，缅甸是"一带"和"一路"的重要交汇处。同时，为进一步推进"一带一路"建设，规划还强调中巴、孟中印缅两大经济走廊的打造。其中，孟中印缅经济走廊使缅甸连接起了中国和印度这两大新兴经济体。因此，从该规划的总体线路框架来看，"一带一路"倡议将缅甸与中国、印度以及其他东盟邻国串联起来，而缅甸对"一带一路"倡议实施所产生的全局性影响亦不容忽视。

（二）合作内容与机制方面

"一带一路"规划将各国合作重点概括为"政策沟通、设施联通、贸易畅通、资金融通、民心相通"。这五项合作重点对于未来中缅合作均具有明显的战略导向，分别从政策保障、优先领域、重点内容、重要支撑以及社会根基等方面进行了总体谋划。同时，该规划中明确强调的"共同维护输油、输气管道等运输通道安全"等内容更是与中缅油气管道等大型合作项目的开展直接相关。

在合作机制方面，除加强两国双边合作外，该规划还提出强化包括中国—东盟"10＋1"、大湄公河次区域（GMS）经济合作、亚洲合作对话（ACD）等多个涉及中缅的多边合作机制。因此，"一带一路"倡议在政治、经济、外交以及社会文化等领域将有力助推缅甸自身国家战略的实施，中缅在该战略框架下拥有广泛的合作空间。

（三）地区开放态势方面

"一带一路"规划分别对中国各地区开放态势进行了具体阐述，强调要发挥各地的比较优势。作为中国西南边境的重要邻国，缅甸与中国广西、云南等西南省区在"一带一路"倡议中的联系与互动最为密切。

就广西而言，其在"一带一路"中的定位为21世纪海上丝绸之路与丝绸之路经济带有机衔接的重要门户，提出构建面向东盟区域的国际通道，与海外同为"一带一路"交汇点的缅甸相呼应。云南作为与缅甸直接相邻的省份，则是中国面向南亚、东南亚的辐射中心，是"一带一路"框架下中国与周边国家的国际运输通道。总体来看，该规划通过广西、云南东盟国际大通道建设及与缅甸进行互联互通，将对缅甸沿边地区或沿海港口产生深远的战略性影响。

第七章 社会文化

第一节 缅甸社会文化概况

自 1948 年缅甸脱离英国成为一个独立国家以来,缅甸的社会发展迅速,并逐渐向民主化的方向发展。缅甸各界对社会文化交流方面产生了较高的需求,缅甸新闻传媒产业因此开始全面发展。缅甸社交媒体的覆盖面迅速扩大,社会文化的传播速度因此得到空前的提高。缅甸是一个多民族国家,极其尊重佛教文化,宗教意识浓厚。受到佛教思想的影响,缅甸人乐善好施,在缅甸,几乎天天有人募捐,有人施舍,施舍已成为缅甸人的一种习惯。虽然缅甸华人并不属于缅甸民族中的任何一个族群,但是历史的积累,使得缅甸的华人成为缅甸国内人口众多的一个族群,因此缅甸华人对缅甸的社会和文化产生了不可替代的影响,而缅甸华文教育是这种影响的一种重要传递途径。缅甸华文教育的产生可追溯到 19 世纪末,最初的华文教育是由缅甸华侨自行兴办的。

第二节 缅甸新闻传媒产业现状

一、缅甸新闻传媒产业总体概况

（一）新闻传媒管理

缅甸宣传部为国内新闻媒体管理官方机构，其下设广播电视部、信息和公关部、新闻和期刊公司、出版和发行公司以及影视部五个部门。这五个部门各行其职，实现对缅甸国内各种新闻传播方式和媒介的全面管理。

2012 年以来，缅甸加快了新闻传媒业管理改革的步伐。2012 年 3 月，缅甸政府对外国媒体常驻境内进行了突破性的改革，一改往昔只有中国的新华社和《光明日报》各拥有派遣一名记者常驻缅甸权利的现状，批准另外四家外国媒体常驻仰光。这四家媒体分别是：美国联合通讯社（AP）、英国路透社（Reuters）、法国新闻社（AFP）以及日本放送协会（NHK）。此前，这四家媒体仅可雇佣缅籍雇员工作。2012 年 8 月 20 日起，缅甸媒体审查与注册局正式停止运营，其被成立的"版权与注册局"所替代，标志着新闻预先审查机制不再奏效，在一定程度上为缅甸实施新闻自由铺平了道路。2012 年 10 月 27 日，缅甸政府宣布解除对 Facebook、Twitter、BBC、Youtube、VOA 等网站的封锁，恢复发放卫星电视许可牌照。[①] 2013 年 4 月 1 日，缅甸政府正式允许私营日报发行。[②]

（二）相关行业法规

早在 1962 年奈温军政府时期，缅甸就制定了《印刷和出版业者登记法》。根据这部法律，政府有权在任何时候撤销任何媒体的许可证；未经注册的媒体，其相关人士可被判坐牢 7 年。数十年间，这部法律一直为历届缅甸政府所沿用，直至 2014 年新的媒体法出台。新的媒体法主要指 2014 年颁布的《出版法》和《印

---

① 陈力丹. 缅甸新闻业的历史与面临的制度变化［J］. 新闻界，2012（12）：70 – 73.
② 刘智玮. 缅甸私营报纸：蹒跚起步的新宠儿［J］. 中国—东盟博览，2014（1）：30 – 35.

刷和出版商注册法》，明确规定要保障报道自由并废除了言论审查制度。

（三）缅甸国内媒体现状

当前，缅甸拥有国家通讯社 1 家、国家电视台 1 家、报纸几十种。报纸方面，缅甸有国有报纸 4 家（《镜报》、《缅甸之光报》、《缅甸新光报》和《妙瓦底》），私营日报 30 家。国有报纸方面，《镜报》、《缅甸之光报》和《缅甸新光报》（2014 年 9 月已更名为《环球星光报》）3 家报纸已完成了股份制改革，政府控股 51%，私人控股 49%；而隶属国防部的《妙瓦底》军报还未进行改革。私营报纸方面：由于受到人员、资金和设备的限制，发展速度十分缓慢，30 家私营日报中只有 12 家正式营业出版，而且其发行量仅 1 万～3 万份，完全无法与发行量约 20 万份的《镜报》等国有报刊相提并论，其竞争力和影响力有限。电视台方面，缅甸除了国家电视台、军方妙瓦底电视台外，还有两家私营性质的天网卫星电视台和缅甸电视台第四频道。另外，除了国家电台，缅甸还有 6 家私营调频电台。① 并且缅甸联邦议会正在起草广播电视法，预计将会于 2017 年完成并通过，届时将会有更多的私营电视台获得经营许可和便利，极大地推动了缅甸广播电视事业发展。

二、2015～2016 年缅甸新闻媒体行业动态

（一）缅甸政府颁布媒体行业相关法律法规

2015 年 6 月，缅甸信息部颁布了新媒体法实施细则，具体内容涉及媒体知情权、缅甸新闻业委员会（Myanmar Press Council）选举流程与争议仲裁机制以及新闻媒体如何报道国内抗议与武装冲突事件的若干规定等。2015 年 8 月，缅甸通过第一部《广播电视法》，该法为创建更多私营电视台开了绿灯。2016 年 3 月，缅甸民盟信息与中央委员会宣布天网卫星电视台、缅甸国家电视台等主流媒体需要重新申请播放许可证，此举主要是为了使缅甸国内所有广播电视媒体获得平等的竞争机会。

（二）缅甸新闻学院进行理事会选举与学位课程培训

2015 年 10 月，缅甸新闻学院（Myanmar Journalism Institute）选举新的理事

---

① 缅甸新闻业发展现状［EB/OL］. 中国记协网，http：//news. xinhuanet. com/zgjx/2013 - 09/11/c_132711032. htm，2013 - 09 - 11.

会，其中缅甸 Mizzima 媒体集团 CEO 吴梭敏（U. Soe Myint）当选为理事会主席，缅甸记者网络（Myanmar Journalists Network）中央执委会成员吴敏觉（U. Myint Kyaw）当选为理事会副主席。成立于 2014 年 7 月的缅甸新闻学院是缅甸第一家独立的针对国内新闻从业者的教育机构，其课程主要包括印刷媒体、广播以及在线媒体的新闻报道培训与研究、媒体伦理、媒体法规、新闻从业者的角色与责任等，该机构目标是推动缅甸发展独立与高质量的专业媒体。目前，该机构正在实施一项为期 10 个月的学位课程计划，已有 28 名缅甸记者于 2015 年 7 月成为该课程计划的首批毕业生，同时该机构的培训教师已在缅甸 7 个城市培训了超过 200 名记者。缅甸新闻学院是经缅甸国家计划与经济发展部批准成立的，同时在国际上也得到了丹麦、德国以及联合国教科文组织等多方支持。

（三）第四届缅甸媒体发展大会举行

2015 年 12 月 10 ~ 11 日，第四届缅甸媒体发展大会在仰光举行，超过 200 名来自国营媒体、私营媒体、政府、各党派以及民间组织的代表参加了会议。会议讨论的主要议题包括：信息获取自由、媒体网络拓展、记者权益保护、媒体中的性别平等以及少数民族与社交媒体发展等。在会上，缅甸前信息部部长吴耶图（U. Ye Htut）表示，缅甸应该为过去 4 年在媒体领域所取得的巨大成就而感到骄傲，同时强调媒体改革应当在新政府领导下继续开展。与此同时，在 2015 年大选中获胜的民盟也委派该党中央委员会成员吴昂欣（U. Aung Shin）作为代表出席会议，他表示通过发现并解决当前缅甸所面临的各种挑战，媒体将推动整个国家产生积极的变化，同时民盟新政府将在任期内致力于完成一部《信息权益法》，并在媒体领域实施进一步的改革措施。总体而言，本次会议比历届媒体发展大会更具包容性与多样性，缅甸绝大多数涉及媒体发展的组织均为本次会议指导委员会的成员，此外还有 10 家缅甸少数民族媒体机构与超过 80 位仰光地区以外的媒体记者参加了会议。

（四）联合国教科文组织评估缅甸新闻媒体行业

2014 年 5 月至 2016 年 4 月，联合国教科文组织与 NGO 组织国际媒体支持协会共同对缅甸的新闻媒体行业发展状况进行评估，评估报告于 2016 年 6 月 1 日正式发表。该报告认为，印刷媒体审查制度的取消使缅甸开始迈入媒体自由化的进程，但未来还有很长的路要走。尽管缅甸政府在媒体改革上取得了一定的进展，但当前该行业仍然存在诸多限制。该报告强烈建议缅甸民盟新政府应继续推动 2008 年宪法的修改以保证公民的言论自由权与知情权。同时，报告也建议缅甸国营广播电视公司应转变为公共服务机构或私营广播电视公司，而《广播电视法》中涉及国营媒体的特权条款应当被移除。此外，该报告所提出的建议还涉及少数民族与妇女媒体从业者权益、记者自身素养以及电子媒体管理等方面。

三、缅甸媒体新业态：社交媒体的兴起

由于缅甸当局解除了对新闻、网络的审查监管，使得许多社交媒体在缅甸流行起来，比如：Facebook、MySQUAR、Youtube、Instagram 等。

（一）缅甸主要社交媒体

1. Facebook

由于私营电信的发展以及审查制度的放宽，缅甸各种社交媒体网络迅速拓展，而其中 Facebook 当属翘楚。在用户使用数量方面，据缅甸 Amara 数字营销机构统计，Facebook 在缅甸的月度活跃用户数量已从 2015 年 7 月中旬的 470 万迅速增加至 2016 年 5 月中旬的 970 万，意味着目前缅甸全国有 19% 的人口活跃在 Facebook 线上。[1] 从缅甸 Facebook 使用者的地域分布来看，90% 的用户来自仰光与曼德勒这两大缅甸主要城市及其周边地区，其中曼德勒月度活跃用户数量已超过仰光。据统计。对众多缅甸用户而言，Facebook 服务经常被用来了解商业、品牌与产品信息。如缅甸主要电信运营商之一的挪威 Telenor 公司主页已拥有超过 220 万粉丝，而可口可乐与肯德基主页在缅甸也分别受到 70 万粉丝与 25 万粉丝的关注。2016 年 6 月，Facebook 与缅甸国有电信运营商 MPT 正式启动免费互联网服务 Free Basics，用户可通过该网络获取健康、教育、工作招聘等方面的实用信息。

2. MySQUAR

MySQUAR 是缅甸当前唯一可以使用本土语言的社交媒体平台。MySQUAR 的创始人为越裔加拿大籍企业家 Rita Nguyen，其前身 Squar 于 2013 年 6 月首次公开

---

① Facebook racks up 10m Myanmar users, Myanmar Times ［EB/OL］. http：//www. mmtimes. com/index. php/business/technology/20816 - facebook - racks - up - 10m - myanmar - users. html, 2016 - 06 - 13.

面世。由于目前 Facebook 暂无法使用缅文，使得具有本土语言优势 MySQUAR 一经推出便受到了缅甸年轻一代网民的广泛欢迎。MySQUAR 的注册用户数量在 2016 年初约为 200 万，截至 5 月下旬已接近 245 万，当前正以每月平均 16 万新用户的速度增长，预计 2016 年底用户数将突破 400 万大关。① MySQUAR 平台包含从图片制作到手机游戏等多款应用，其中最为知名的是免费社交通信软件 My-CHAT，该软件主要定位于缅甸年轻人群体。用户数量的快速增长也促进了 MySQUAR 的货币化，用户可实现网上商品购物、在线货币交易、广告投放以及寻找商业伙伴等不同类型的电子商务功能。

（二）缅甸社交媒体发展特点

1. 社交媒体发展主要受益于移动互联网的普及

缅甸社交媒体的发展最主要得益于缅甸国内移动互联网的广泛应用，而非传统的互联网。2013 年，缅甸政府开始建设该国历史上第一个现代移动通信网络，来自欧洲挪威的移动通信公司 Telenor 以及来自中东卡塔尔的 Ooredoor 公司开始在缅甸建设移动通信网络，随后，缅甸的智能手机用户也开始迅猛增加。近年来，缅甸手机 SIM 卡价格直线下降，从 2009 年的 2000 美元跌落至当前的 1 美元。根据亚洲科技（Tech in Asia）网站发布的 2015 年第四季度报告，仅仅 1 年时间缅甸的手机用户数量就从 1500 万上升至 3000 万，且报告预测 2016 年这一增长趋势将继续保持下去。手机设备的广泛使用带动了缅甸移动互联网的发展，进而促进了缅甸国内社交媒体的兴起。缅甸 Amara 数字营销机构负责人玛祥美凯（Ma Chan Myae Khine）表示，当前缅甸很少有人在个人计算机（PC）上使用 Facebook，大部分用户均在手机端上登录操作。

2. 社交媒体逐渐成为缅甸重要的政治工具

当前缅甸正处于民主化转型的特殊时期，而此时进入缅甸的各种社交媒体也广泛被赋予了诸多"政治功能"。缅甸的各政治势力都十分注重利用社交媒体来提升自身的影响力。缅甸民盟在 2015 年大选期间就曾多次利用社交媒体工具进行竞选活动，其领袖昂山素季经常利用 Facebook 来与选民互动，在网上吸引了

---

① MySQUAR aims to double user base in 2016, Tech Capital［EB/OL］. http：//www. tech - capital. com/companies/news/126311/mysquar - aims - to - double - user - base - in -2016 -126311. html, 2016 -05 -24.

数以百万计的粉丝，她发表的帖子常常被成千上万次地转发。缅甸国防军总司令敏昂兰同样也十分重视社交媒体的力量，他的 Facebook 账号已拥有约 40 万粉丝。事实上，从巩发党执政时期开始，社交媒体就已经逐渐成为政府部门进行数据与视频信息传播的重要平台。总体比较而言，民盟对于社交媒体工具的利用能力远胜于巩发党。此外，近年来缅甸民众通过网络社交媒体参与国家政治生活的热情也日益高涨，特别是在一定程度上增加了边远民族地区、农村地区以及海外的缅甸人表达自身政治见解与诉求的渠道。

3. 社交媒体的电子商务功能兴起

社交媒体除了提供缅甸各阶层参与国家政治生活的广阔空间外，也逐渐成为缅甸电子商务领域兴起的一个重要基础。其中，具有本土语言优势的缅甸社交媒体 MySQUAR 推出的手机端在线支付工具——MyPAY 孕育着巨大的市场潜力。目前，MyPAY 已收到来自新加坡 Fastacash 公司的战略投资，借助 MySQUAR 及其应用 MyCHAT 在缅甸的庞大用户群推出手机微支付（Micropayments）服务。根据双方合作协议，Fastacash 公司将为 MyPAY 微支付服务提供各种技术平台，同时也将支持 MyPAY 的"走向市场"（Go-to-Market）计划，包括市场洞察与全球商业伙伴管理等方面。同时，缅甸为海外劳工输出大国，大量劳工因没有特定的银行账户或渠道而无法将薪酬汇往国内家中，而 MyPAY 微支付服务的出现则及时地填补了这一市场空白。

（三）缅甸社交媒体面临的问题与挑战

1. 缅甸军方仍保持对社交媒体的频繁干涉

尽管在 2015 年缅甸大选中，具有军方背景的巩发党未能获胜，但当前缅甸军人集团在其国内诸多领域仍掌握着实际权力。缅甸新政府成立后，军方与民盟的博弈将长期存在，其中军方很有可能通过加强对社交媒体的干预来彰显自身的威信。2015 年 10 月，一位缅甸女性因在 Facebook 上发表讽刺军方权力的帖子而被逮捕，两个月后被缅甸法庭判处 6 个月的有期徒刑。同一时期，一位克钦邦人士因在 Facebook 上发表一张某人脚踩缅甸国防军司令敏昂兰的照片而被逮捕，他将面临 3 年的牢狱生涯。2016 年 3 月，一位 Facebook 用户因在发帖中误将孟邦民族武装人士吴奈雅觉（U Naing Yar Kyaw）称为"军官"（Officer）而面临公诉。从上述事件可以看出，缅甸军方对国内社交媒体的管制仍十分严格。

2. 社交媒体上的仇恨言论恐助长缅甸宗教矛盾

缅甸政府开放网络社交媒体后，其国内用户数量增长迅猛，在 Facebook、MySQUAR 平台上发帖、发视频以及与其他网民在线交流等已成为不少缅甸人的生活方式。然而，近年来社交媒体平台也给缅甸社会带来了一定的负面影响，特别是社交媒体上出现的一些仇恨言论（Hate Speech）助长了缅甸国内的宗教民族矛盾。2013 年 3 月，缅甸密铁拉爆发严重的宗教冲突，大量血腥暴力画面和宗教极端思想言论借助便利的社交媒体不断传播，最终对事件的演变和升级起到不可忽略的推波助澜作用。此后 "969 运动" 领导人维拉图在 "脸谱" 上宣扬抵制穆斯林的言论，受到数以千计缅甸网民的 "喜欢"。根据缅甸笔会中心（PEN Myanmar）2015 年 1 月至 10 月针对 153 个缅甸 Facebook 页面所做的观测数据，至少 60% 页面的活跃度对缅甸政治事件较为敏感。缅甸笔会中心的调查还发现，与报纸、杂志等印刷媒体相比，社交媒体上的仇恨言论主要涉及宗教话题。未来缅甸民盟新政府亟待加强对社交媒体上的舆情监测，以便第一时间扑灭宗教冲突的火苗。

3. 网络谣言充斥着缅甸社交媒体

根据相关机构的调查，缅甸民众更倾向于通过登录 Facebook 等社交媒体来获得新闻与资讯，而非浏览正规的门户网站。然而，由于互联网进入缅甸时间不长，缅甸政府缺乏对互联网信息的监管经验，导致社交媒体平台上时常充斥着一些虚假信息。目前，缅甸民众总体上对这些虚假信息的辨别能力仍较为有限，加之部分缅甸媒体从业者缺乏素养，使得一些网络谣言在社交媒体上经常能够大肆流通。2013 年，缅甸社交媒体上就曾传出昂山素季病危的谣言。作为谣言受害者之一，昂山素季曾提醒国内媒体谨言慎行，警惕网络谣言。当前缅甸正处于政治变革时期，社交媒体上不少谣言主要涉及政治、宗教与民族问题，其背后往往是缅甸国内外一些别有用心的政客或组织进行散播与操控的结果。此外，缅甸民众对社交媒体的偏听偏信也会时常引起一些大大小小的社会问题。如 2016 年 1 月，由于 Facebook 上流传着一条缅甸政府将赠送国家资助土地给领养老金人士的谣言，导致上万名仰光退休人士蜂拥前往仰光邮政局提交申请表格。缅甸政府总统发言人、信息部部长吴耶图（U. Ye Htut）以及仰光省政府官员吴觉索

（U. Kyaw Soe）不得不同时出面否认该计划。①

4. 真正意义上的缅甸本土社交媒体并未出现

相较于近年来社交媒体在缅甸民众中的普及程度日益提高，缅甸本国的信息技术（IT）产业发展则仍然滞后。目前来自美国的 Facebook 依然是主导缅甸社交媒体领域的最主要平台，而声称具有本土化优势的 MySQUAR 事实上也并非是一家土生土长的缅甸公司。该公司仍然有着明显的西方背景，其创始人为越裔加拿大籍企业家 Rita Nguyen，而目前董事长为英国人 Pottinger，其高层团队中并没有出现缅甸人的身影。上述两大社交媒体已经率先占据了缅甸市场，而真正意义上由缅甸人创办的社交媒体公司尚未出现。从长期来看，这一局面不仅不利于缅甸本国信息技术产业的培育与成长，同时还会影响缅甸互联网金融、跨境电商以及在线旅行服务等领域的发展。更重要的是，西方国家势力可以通过这些平台向缅甸国内民众潜移默化地灌输西方的意识形态与思想观念，同时还能够达到左右缅甸舆论导向的目的。随着缅甸社交媒体用户规模的继续扩大，一些西方势力扶持的缅甸 NGO 组织在 Facebook、MySQUAR 等平台上将进一步提升其影响力，反过来对缅甸政府形成网络舆论压力。这也是民盟上台后需要谨慎处理的棘手问题之一。

四、未来缅甸新闻媒体行业展望

（一）新闻媒体改革将继续稳步开展

当前缅甸正处于民主化改革进程的关键时期，而一直以民主形象示人的昂山素季及其领导的民盟新政府无疑将继续推行新闻媒体领域的改革措施。然而，缅甸军人集团以及与其有裙带关系的巩发党等势力尽管目前暂时退居幕后，却仍然对整个国家的走向与各领域发展具有把控能力。就新闻媒体行业而言，缅甸军方一方面会利用其目前仍具有的特权保持对印刷媒体、电子媒体以及广播电视的审查，特别是消除相关媒体上对其较为极端的反对声音；另一方面军方人士也会通过各种途径对民盟新政府施加压力，使其减缓媒体改革的步伐，但总体上不会过

---

① Facebook give away rumour lands post office in tight spot, Myanmar Times ［EB/OL］. http://www. mmtimes. com/index. php/national－news/yangon/18554－facebook－giveaway－rumour－lands－post－office－in－tight－spot. html, 2016－01－20.

度地阻碍这一进程。此外，首次成为执政党的民盟面临着众多现实问题，在执政方式上应不太会沿袭过去在野党时期那种激进的风格，而是"以稳为先"，因此执政初期在新闻媒体领域的改革不会走得太快。总体而言，今后缅甸新闻媒体行业的改革将继续开展，会采取一定措施推动新闻媒体自由，但主要是循序渐进式的改革，这也符合缅甸近年来"自上而下"改革的一贯特点。

（二）媒体多元化趋势在缅日益明显

军政府统治时期，缅甸官方媒体一直在其国内占据着绝对的主导地位，境内与境外的私营媒体被明令禁止，而除缅族以外的少数民族声音也很少得到传播。吴登盛政府上台后，缅甸开始走上了媒体多元化的道路。2013 年缅甸解除报禁之后，私人办报如雨后春笋般兴起，而缅甸国内一些少数民族媒体得到了初步发展，其中以《金凤凰》报社为代表的一批华人媒体的影响力逐步扩大，同时缅甸民主之声电视台、《伊洛瓦底》新闻杂志等由缅甸人在挪威、泰国等国家设立的媒体也被允许进入缅甸，而具有西方国家背景的一些新闻集团与广播电视媒体也加快了进入缅甸的步伐，上述趋势在民盟新政府上台后进一步凸显，此外，民盟新政府也将继续推进部分国营媒体向公共服务媒体、私营媒体转型。缅甸媒体多元化还体现在今后电子媒体与印刷媒体、电视广播媒体的同步发展。总之，未来缅甸民众接触到的媒体信息将更加多样化，选择面将更广泛，缅文报纸、英文报纸、印度文报纸以及华文报纸市场都将迎来发展的新契机，缅甸舆论话语权的争夺变得越来越重要。

（三）缅甸政府将加强对社交媒体的综合管理与利用

相对于目前社交媒体在缅甸网民中的迅速普及，先前缅甸政府对于这一新现象则显得有些预料不足，相关监管措施较为生硬，并未建立其有效的管理体系，不利于缅甸互联网的长期健康发展。同时，鉴于 Facebook、MySQUAR 等平台在缅甸国内的普及率激增，缅甸民盟新政府在其未来执政时期必定会更加重视这些社交媒体在沟通民意、发布政府公开信息等方面的作用。因此，如何利用好社交媒体平台也是今后对民盟执政团队的一大考验。为加强对社交媒体的综合管理与利用，缅甸政府将可能从以下几方面采取措施。首先，完善互联网法律法规的修订。目前缅甸正在执行的互联网法律法规仍带有浓厚的军政府色彩，且与缅甸国内社会的新情况已有诸多不相适应之处，针对社交媒体新发展重新修订一部新的缅甸《互联网法案》势在必行。其次，从源头上管控社交媒体信息。当前缅甸人普遍习惯于从社交媒体上获取新闻与资讯，缅甸政府将会致力于采取措施保障这些信息的真实性与客观性，尽早扑灭互联网上宗教民族语言暴力的火苗。最后，缅甸政府可能将鼓励更多执政团队的成员开通社交媒体页面，与民众进行网上互动，以此彰显民盟一贯以来的亲民形象。

（四）缅甸媒体从业者素养的提升仍任重而道远

缅甸开放私营报刊与私营电视台后，非官方媒体数量在迅速扩大，而不少缅甸民众也更倾向于获取私营媒体的信息。在此情形下，缅甸国内市场上对媒体从业者的需求也急剧增加，许多非新闻传播学专业出身或未经正式新闻从业培训的人员也加入到了媒体记者的行列。同时，在缅甸当前复杂的国内外环境中，一些缅甸媒体从业者服务于国内特定的政治集团或西方势力，其报道的新闻信息往往带有明显的倾向性，不具备新闻业者应有的客观立场。另外，面对日益庞大的记者群体，缅甸政府相关部门缺乏对这一群体的有效管理与培训，媒体从业者的专业素养普遍偏低，致使缅甸新闻报道质量不足。此外，媒体数量的增加也使得行业内部的竞争日益激烈。不少媒体人士为博取眼球，在报道中往往夸大其词，将报刊的经济效益凌驾于新闻本身的真实性之上，以求在媒体行业竞争中扩大市场份额。对此，昂山素季也曾在公开场合表达对一些"捕风捉影的媒体作风"的不满。总体来看，未来缅甸媒体从业者素养的提升将是一个漫长且艰巨的过程，而目前诸如缅甸新闻学院等机构所发挥的作用依然十分有限。

第三节　缅甸华人社会

一、缅甸华人基本概况

缅甸具有丰富的民族多样性，官方认定的少数民族135个，并不包括华人，但华人在缅人口数量仅次于缅族、掸族、克伦族和若开族，排名第五，分布较广、人口众多、影响力较大。自近代以来，缅甸华人在缅甸历史上一直扮演着重要角色。

（一）分布与人口

缅甸华人在缅甸国内各个主要城市均有分布，主要聚居地为仰光、曼德勒、腊戍、勃生、当阳、东枝、密支那、毛淡棉、景栋、土瓦、渺妙、卑谬、八莫、彬文那、垒固 15 个城市，这些城市的华人占缅甸全国华人总数的 50% 左右，其中华人分布最为密集的地区为仰光与曼德勒两大城市。就人口而言，根据缅甸相关统计年鉴，20 世纪 70 年代以来，缅甸登记在册的华人数量呈下降态势。总体从 1970 年的约 12.8 万人减少为 1994 年的约 5.8 万人。在此之后，缅甸华人数量则少有缅方的数据，统计或估算的数据主要来自于一些中国学者。如林锡星（2002）认为缅甸华人有 100 万左右，约占缅甸国内总人口的 2%。[①] 据最新缅甸投资潜力分析报告显示，在缅华人 160 万左右，约占总人口的 3%。

（二）迁移历史

根据相关史籍，早在唐代就有中国人赴缅经商并在当地留居的记载。唐代樊绰所著的《云南志》写道："河赕贾客在寻传羁离未还者，为之谣曰：'冬时欲归来，高黎贡上雪。秋夏欲归来，无那穿赕热。春时欲归来，平中络赂绝。'"上述文字记录了当时河赕（今属云南大理地区）商人因多方原因不得不在寻传（今位于缅甸克钦邦北部与云南怒江一带）滞留的情形。因此，有学者认为这批"河赕贾客"即为第一代缅甸华人。此外，也有学者认为华人最早迁移至缅甸定居的时间应为元明时期。这一时期，由于缅北部分地区属中国管辖，同时海上贸易兴盛，故赴缅华人数量大幅增加，尤其是通过海路进入缅甸的移民。到了清代前期，"永历入缅"、"清缅战争"等事件进一步扩大了在缅华人的规模。清末民初，缅甸华人的分布格局基本形成。

（三）华人与缅甸主流社会的关系

目前，华人已成为缅甸一支重要的社会族群。从政治、经济、社会文化各方面与当地居民和社会建立起日益密切的全方面联系，同时对缅甸社会发展的影响也日益增大。

---

① 林锡星．缅甸华人与当地民族关系研究［J］．东南亚研究，2002（2）：28 - 35.

1. 政治关系

尽管历史上华人曾在一定程度上参与过缅甸的政治生活，但总体而言，目前华人在缅甸国家政治结构中处于边缘从属地位。1982 年颁布的《缅甸公民法》规定，华人是缅甸的"客籍公民"或"归化公民"，非"真正的缅甸公民"，其在获取政治权利、公民资格等方面均处于不平等的地位。与此同时，在缅华人社团虽然可以运转，但尚未有对该类外籍团体管理的法律条令，这使得缅甸政府可以随时根据其需要停止在缅的社团活动，如 2007 年缅甸华商商会和另外两家华侨团体被勒令关停。总体而言，在缅甸政治上，华人既没有自己的政党和政治团体，也没有踊跃的个体性参政。为争取自身地位与权利，缅北地区也存在果敢同盟军、佤邦联军等数支以华人为主体的民地武势力，与缅甸政府军形成对峙局面。此外，2016 年 3 月，亲军方的缅北大勐稳华人集体加入缅甸国籍，成为缅甸华人获取公民政治与社会权益的一种新方式。

2. 经济关系

缅甸华人目前约有 160 万人，却是缅甸经济的主导力量，在英国统治时期，华人经营的工商业占缅甸私营工商业曾高达 75% 左右。缅甸独立后，凭借原有的经济基础，在缅华人企业实现了再次的扩大发展，经济实力和影响力不容小觑。1963 年，缅甸政府实施国有化政策，这使得在缅华人经济遭受重大打击。虽然奈温政府之后被迫调整经济政策，承认私人企业的经济地位和权利，但是缅甸华人经济实力已经大不如前。然而 1988 年，缅甸新政府实行市场经济和对外开放政策，鼓励发展私人经济，在缅华人的经济地位出现了转机。随着缅甸积极私有化、自由化和对外开放经济政策的推进，中缅经贸关系不断升温，以及缅甸国家整体经济不断壮大，缅甸华人经济会朝着更高层次发展。当前，缅甸华人主要从事零售业、服务业、加工制造业以及其他技术性较强的行业。

3. 社会文化关系

随着时间的推移与社会文化的发展，缅甸华侨华人在风俗文化上逐渐融入当地社会。缅甸华人与当地人通婚历史已超过两百年。初期来缅甸的华人主要以男性为主，因此移居缅北与缅南地区的华人均开始与当地妇女通婚。此外，由于缅甸华人的宗教意识不强，故多数人开始信仰缅甸的南传佛教。根据缅甸方面的相关统计，缅甸华人皈依缅甸佛教的人数比印度人等其他外来民族多，但是加入缅甸籍的速度却远低于其他民族。这一现象表明，缅甸华人在宗教领域的同化速度比入籍速度快。

二、缅甸华人商会

随着缅甸华人数量的增加，缅甸各地区开始出现华人商人聚集的缅甸华人商会，主要协助华商成员顺利完成各种商业活动。

（一）缅甸主要华人商会

1. 缅甸中华总商会

缅甸中华总商会，原称缅甸中华商务总会、缅甸华商商会，1909 年成立于仰光，是缅甸华侨工商社团，首任会长杨逢年，1930 年改为缅甸华商商会。初期活动主要是保荐华侨领取护照，排解侨商纠纷，团结华商共谋发展。1941 年初日本侵占缅甸后，一度停止活动，1946 年复办。现任会长为吴继垣。

该商会是缅华社会历史悠久和最有影响力的社团之一，以商务工作为本，以开展和推进经济业务为中心，提供各项投资信息和商业咨询等服务。其宗旨是：在商言商，促进会员间团结互助，发展商业，加强和侨胞侨社的联系，支持社会公益事业，推进缅甸经济事业繁荣与发展，增强中缅人民的友谊。会员分个人会员和公司会员两种。工作经费来源有会员入会金、年捐及特别捐等。

2. 缅甸中国企业商会

缅甸中国企业商会在"驻缅中资公司联谊会"（Chinese Companies' Association in Myanmar）基础上于 2002 年 3 月在仰光成立。商会由中国驻缅使馆党委集中统一领导，并在使馆经商处的管理和指导下开展工作。商会领导集体有会长 1 名，名誉会长 1 名，常务副会长 1 名，副会长若干名和顾问若干名组成，现任会长为吕德兴。

为了与会员加强沟通，商会设立办公室，其职能是：①连接商会与会员的纽带，负责会员的接待和日常事务的处理，传达商会的通知要求，整理会员提出的意见和建议；②为会员提供日常聚会场所，以及借阅书籍和影碟等，逐渐开展会员急需的各项服务，以帮助会员解决在生活和工作中遇到的各种困难。此外，该商会也在缅甸各地广泛举办各类公益活动，积极履行社会责任，提升了中国企业的良好形象。

3. 具有代表性的省籍商会

历史上，中国不同地区的商人移居缅甸后往往基于同乡关系形成了不同省籍的商会，具有代表性的有云南商会、福建商会以及广东商会。

（1）云南商会。由于与缅甸天然的地理接壤，云南商人成为了影响上缅甸地区乃至整个缅甸的重要华人群体。上缅甸地区大部分华侨都来自于云南，通行云南方言。云南商人主要从事的是玉石、木材等原材料、餐饮以及边境物流、服装批发等。作为商会的云南会馆遍布整个缅甸，在仰光的中国城区随处可见云南商会和会馆。

（2）福建商会。历史上福建商人多通过海路到达缅甸，故当前主要集中在下缅甸包括仰光、毛淡棉、土瓦等下缅甸地区，对缅甸主流社会的融入程度相对较高。由于福建商人在东南亚其他地区有更多的纽带，所以在缅甸的福建华人华侨与新加坡、马来西亚、泰国、菲律宾等国家的闽侨有较多互动。福建商人主要从事的是建筑业、娱乐业以及其他商贸服务业等。作为商会的福建会馆主要集中在下缅甸地区，其中缅甸福建商会总部位于仰光中国城内。

（3）广东商会。同样由于地理原因，广东商人主要集中在下缅甸地区。广东人移民缅甸的时间较早，19世纪就有广东人来到缅甸东南部。20世纪60年代，由于缅甸政府采取了限制华人的政策，有部分广东华侨回流中国，因此粤商与在缅甸的云南、福建商人相比相对较少。广东商人主要从事的是餐饮业、原材料贸易以及其他商贸服务业等。作为商会的广东会馆在缅甸分布比较分散，更多的是以家族形式存在的馆所，如李家馆、梁家馆等。

（二）2015～2016年缅甸华人商会发展动态

1. 缅甸华商成立新商会

2015年9月20日，缅甸浙江商会成立，商会以"崇儒、尚德、诚信、共赢"为宗旨，以实现和谐共荣、共赢发展为目标，首任会长为屠国定。商会创立之初即吸引了近百家会员参与，成立之后积极履行社会责任，树立了良好的浙商形象。2015年8月，新商会向缅甸洪灾灾民踊跃捐款捐物，并组织团队赴灾区慰问灾民，得到了缅甸政府和民间的肯定与好评。

2016年1月17日，缅甸中华总商会与缅北中华商会合作协议签署仪式暨缅北中华商会成立揭牌仪式在曼德勒金多堰慈善会礼堂隆重举行。中国驻曼德勒总领事馆王愚总领事一行、仰光缅甸中华总商会会长吴继垣一行以及曼德勒云南同乡会、福建同乡会、广东同乡会、多省籍同乡会、曼德勒工商会、曼德勒中国企业商会、金多堰慈善总会、曼德勒妇女会等团体参加了揭牌仪式。缅甸中华总商会会长吴继垣与缅北中华商会会长李东涛签署合作协议后，举行了缅北中华商会的揭牌仪式。这标志着缅北中华商会作为缅甸中华总商会的分会正式成立，双方既是分属关系也是合作关系，将共同为缅甸华人、华侨、华商和中缅友好事业精诚合作，共谋发展。

2. 华助中心落户缅甸两大城市

"华助中心"是中国国务院侨办在海外华人华侨聚居地设立的机构，其基本功能是为侨胞提供关爱救助，促进文化交流，并为侨胞提供关爱帮扶等相关服务，包括突发事件的处置等。2015 年"华助中心"分别在缅甸的仰光、曼德勒两大城市设立。

2015 年 12 月 10 日，仰光华助中心在缅甸中华总商会正式成立，中国驻缅甸大使馆领事部主任王晓初及秘书张鹏、中国海外交流协会行政部副部长张蔚、缅甸中华总商会会长吴继垣及全体理监事、缅华各界华人华侨社团代表等出席了揭牌仪式。2015 年 12 月 13 日，曼德勒"华助中心"揭牌仪式暨中医关怀团义诊活动开幕式在曼德勒金多堰慈善总会举行。中国驻曼德勒总领事馆副总领事靳仪麟及领事檀结来、中国海外交流协会行政部副司长张蔚，以及中医关怀访缅团、曼德勒金多堰慈善总会、华助中心、曼德勒缅中友好协会、曼德勒各侨团华校等约 400 名代表出席。自曼德勒"华助中心"建立以来，除了为 10 所华校赠送教材书籍并提供相应资助之外，"华助中心"还积极参与了云南省为曼德勒及密支那白内障患者的义诊活动。

3. 对外交流取得丰硕成果

2015 ~ 2016 年，以缅甸中华总商会为主要代表的各华人商会开展了形式多样的对外交流活动，取得了丰硕的成果，成功充当了缅甸与中国、东南亚国家以及全世界华人社会交流的纽带。2015 年 7 月，缅甸中华总商会正式获得 2017 年第十四届世界华商大会举办权。2016 年 4 月，缅北中华商会组团赴中国访问，中国海外交流协会副会长谭天星在北京会见了访华团。2015 ~ 2016 年，中国全国人大常委会、国务院国家资源管理委员会、中国海外交流协会以及云南、广东、福建、广西、海南等省区的相关政府部门与组织也相继组团访问缅甸中华总商会。此外，2016 年 4~5 月，缅甸中华总商会分别与福建省厦门市工商联、香港—缅甸商会（HKMCC）、新加坡人力资源学院等签署了合作备忘录。

（三）华人商会在"一带一路"建设中的作用

"一带一路"是我国基于历史与现实双重背景下提出的具有重要战略意义的框架倡议。从各方面来看，缅甸是"一带一路"中不可替代的关键节点。缅甸华人由于其特殊的身份，历来是中缅交往的重要纽带。因此华人商会在"一带一路"建设中将发挥举足轻重的作用。

1. 为国内投资者提供获取信息与人脉资源的平台

"一带一路"倡议的提出将进一步推动我国企业对外"走出去"的步伐。缅甸历来是中企在东南亚的重要投资国，是我国加快在海外进行产业布局的关键一环。信息与人脉对于在缅投资的中国企业与个人至关重要，缅甸华人经济实力雄厚，相同或相似的文化背景和语言习俗使得他们较容易与中国投资者进行交流合作，因而由他们组成的华人商会可以有效地为中国投资者搭建起良好的信息与人脉资源平台。中国企业及个人投资者可以通过有效利用华商网络及时得到有价值的投资信息，从而选择预期效益稳定、投资风险小的项目，减少因经验不足而遇到的挫折，最大限度地克服跨国经营中的"文化障碍"。另外，中国企业在缅扩张遇到的主要问题之一就是企业"走出去"的渠道太少，对缅甸同行企业和市场缺乏了解，不易找到合适的合作伙伴。缅甸全国各地的华人商会不仅是一张庞大的人脉网络，同时还可以进一步接触到缅甸其他商界人士，有利于扩展中企在缅的"朋友圈"。

2. 有利于维护中国在缅投资的正当权益

结合历史与现实情况，中国在缅投资不仅是经济领域的问题，也缺少不了政治因素的身影。"一带一路"倡议下的中缅投资合作也迫切需要一个良好的政治环境，中国企业与投资者自身的合理、合法权益首先需要得到应有的保障，缅甸华人商会的存在则提供了一个良好的平台。长期以来，缅甸华人政治地位不高，总体上华人在缅的话语权不足，华人商会、学校以及其他社会团体组织的活动受限较多。即便如此，遍布于缅甸全国各个主要城市的华人商会仍可为中资企业或个人维护自身权益发挥明显的作用。在当前缅甸民主化进程持续推进的背景下，民盟新政府对于提升缅族以外族群的政治权利将开始予以重视,华人合理的政治权利有望得到保证,华人商会也会因此而越来越活跃。这些在缅华人商会不仅可以推动缅甸社会各界更清晰、真实地了解中国以及正在实施的"一带一路"倡议,而且当部分缅甸媒体以及非政府组织蓄意抹黑在缅投资的中资企业及个人,或者中国投资者权益受到不公正的损害时,这些商会同样可以发出更为公正的声音。

3. 促进缅甸民众对"一带一路"倡议的了解与支持

缅甸华人华侨担负着提升中国在缅甸文化软实力的重要任务,而"民心相通"亦是"一带一路"倡议的重要内容之一。自 2011 年吴登盛政府上台后,部分媒体的炒作以及西方势力的煽动使得缅甸国内社会舆论一度对中国投资十分不利,反华情绪在缅甸社会曾日益发酵。在中国大力推进"一带一路"倡议的背景下,缅甸华人商会通过各种媒介发挥着向缅甸各阶层民众宣传中国形象与政策的独特作用。当然,缅甸华人商会作为中缅"胞波"情谊的维系者,还可以帮助中国在缅企业及投资者宣传其对当地所做的诸多社会贡献,增强当地民众对中国投资者的好感,密切投资方与民众的沟通交流。缅甸华人在促进中缅民间交流上具有独特的优势,他们既熟练掌握中国与缅甸的语言,同时又了解两国文化环境和民众的心理差异,是连接中国与缅甸的"天然桥梁和纽带",并在提供语言翻译服务、法律咨询援助、介绍与传播中国文化、开展民间公益活动与社会责任行为、化解不必要的偏见与误解乃至抵制反华媒体宣传、促进两国民众间的相互理解与信任等方面,均发挥着举足轻重的作用。

三、民盟时代下缅甸华人社会展望

(一)华人的地位与权利将在一定程度得以提升

长期以来,缅甸华人一直无法获得缅甸公民所具备的应有地位与完整权利,使得华人社会在缅甸政治中被边缘化。民盟新政府成立后,缅甸国内将进一步推进民主化与政治改革进程,这对整个缅华社会来说是一次难得的契机。就未来总体态势而言,民盟时代下缅甸华人的地位和权利将在一定程度上得以提升。一方面,以昂山素季为首的缅甸民盟新政府上台后明显表现出推动国内民族和解的姿态,如积极筹划准备 21 世纪"彬龙会议",同时其执政团队里也不乏众多少数民族人士。另一方面，缅甸民盟新政府十分重视发展国内各族群间的和谐关系。华人尽管截至目前仍未被缅甸官方正式认定为国内的少数民族，但其作为缅甸一个重要族群对于未来缅甸国内社会的影响却是民盟政府无法忽视的。因此，今后昂山素季与民盟也会适当地考虑到华人的利益诉求以彰显自身的民主形象。

（二）华人在振兴缅甸经济方面将大有可为

与巩发党相比，民盟由于过去长期作为在野党存在而缺乏必要的执政经验，而目前其当务之急就是通过采取切实的内外政策进一步振兴缅甸经济、改善民生，以此巩固民心。昂山素季也曾多次表示，一定会做好经济、教育、医疗等这些基础民生事宜。华人历来以善于经商著称，华人社会在缅甸的影响力主要体现在经济领域，在未来将迎来众多机遇与商机。民盟执政后，缅甸的经济改革将进入一个新的阶段，在继续吸引外资入缅的同时会着手扶持本国民营企业的发展，初步构建起较为完整的国内产业体系。华人要善于利用即将到来的机遇与商机，发扬缅华前辈们一直以来坚持的立场："少陷入政治，仅关注生意。"缅甸华人应该可以做到"随波逐流"，即善于观察缅甸的新局势、新政策，在政策允许的前提下，拿出干劲"拼经济"。①

（三）华人在中缅交流中的作用向人文领域深化

华人作为中缅交流与合作的纽带由来已久，但总体而言主要体现在投资与商贸领域，华人商会在其中扮演着重要的牵线搭桥作用。然而，近年来中国企业赴缅投资遇到了诸多障碍，除了一些宏观层面的问题外，有许多源于中企缺乏对缅甸当地人文因素的认识与考量。"一带一路"倡议提出后，中国企业在缅投资不仅仅是商业行为，也是重要的民心工程与文化交流方式。目前，华人对缅甸主流社会的融入程度不断加深，同时又很好地保留着传统中华文化的精髓，这一特点使得缅甸华人对中缅两国文化的异同有着最切身的感受，今后其在中缅交流中的作用将逐步向人文领域拓展与深化。其中，华文教育在缅甸将迎来更为广阔的发展空间。随着中国国力的增强与中缅经贸往来的持续密切，汉语在缅甸社会中的重要性与日俱增，当前缅甸华文教育正显现出从华人社会向缅甸主流社会扩展的

---

① 缅甸华人 2016：面向何方？［EB/OL］. 缅华网，http：//www. mhwmm. com/Ch/NewsView. asp？ID = 14660，2016 – 01 – 16.

趋势，此外也更注重将语言教学与相关职业岗位培训结合起来。总体来看，未来华文教育将成为中缅人文交流"正能量"的重要来源之一。

（四）缅甸反华势力对华人社会的挑战仍然存在

自 2011 年吴登盛政府上台以来，由于西方在缅 NGO 的煽动教唆以及一些缅甸民众将过去对军政府时期的不满情绪迁怒于中国，缅甸国内的反华势力一度较为猖獗，而在缅华人由于与中国存在天然的联系也往往容易成为受冲击的对象。不同历史时期的事实均表明，中缅关系的波动对于在缅华人的处境有着十分密切的影响。从大选前后中国与缅甸民盟的一系列互动来看，民盟新政府对华态度总体已然明确，未来至少不会出现极端反华的局面。然而，缅甸反华势力并未就此销声匿迹，其背后的西方 NGO 仍然企图寻找机会重新挑起缅甸民众的反华情绪，同时一些缅甸私营媒体与媒体作家也不时发表一些针对中国的负面评论。如缅甸反华媒体作家觉吉曾多次利用曼德勒华校的"蔓延"，暗示曼德勒被"吞噬"，以此挑拨离间族群对立，散播"德佑（华人）吞噬论"。由此看来，今后缅甸反华势力对华人社会的威胁与挑战依然存在，所以在缅华人应高度重视起来。

第四节 缅甸华文教育

一、缅甸华文教育的产生与发展概述

缅甸华文教育的产生可追溯到 19 世纪末。最初的华文教育是由缅甸华侨在民间自行筹资兴办的。缅甸第一所正规的华文学校——中华义学建立于 1904 年，是由当时的福建籍华侨富商在仰光创办的，自此缅甸的华文教育开始朝正规化方向发展。1965 年，缅甸政府在当时的仰光外国语学院设置了汉语系，将汉语纳入了官方的外语教学体系。但是缅甸政府于同年又颁布了《私立学校国有化条例》，将缅甸全国所有的民办华文学校都收为国有。失业的华校老师转而到缅甸各地创办华文补习班，但 1967 年仰光发生"6·26"排华事件后，华文补习班也被缅甸政府禁止。

20世纪70年代末80年代初，缅甸一些华人华侨在讲授佛经的名义下，重新开始举办华文补习班，华文教育因此得以复苏。90年代起，当时缅甸军政府开始注重发展信息产业和信息科技，当地的华人华侨便利用这一契机，创办了一些语言电脑学校。通过借开办电脑学校之名，当地的华文教育又有了另一条合法化的开展途径。21世纪以来，汉语的兴起已成为全世界的普遍现象，同时伴随着中缅两国日益紧密的经贸关系，汉语在缅甸的重要性也逐渐提升，汉语人才在缅甸也越来越受欢迎。正因如此，在缅甸几个主要城市和缅北地区，新的华文学校和补习班不断涌现。同时，作为缅甸唯一两个官方批准的汉语教学点，仰光外国语大学和曼德勒外国语大学的汉语专业也不断升温，不少非华人学生也纷纷选择报考、就读该专业。这也反映了缅甸的华文教育经过100多年的发展，已成为国际汉语教学的重要组成部分和中缅文化交流的重要纽带。

二、2015～2016年缅甸华文教育动态

（一）成立新的华文教育院校机构

2015年1月27日，缅甸曼德勒外国语大学与中国云南大学在曼德勒签署了合作协议，双方同意共同申办缅甸第一家孔子学院。本次签约内容包括双方之间缅语教育与汉语教育的合作交流、教师及学生的互换、学术交流研究、共同申报孔子学院等项目。2015年8月2日，缅北华文教育协会在缅甸曼德勒云华师范学院成立。该协会是一个由缅北地区华校组成的非营利性质的民间团体。通过从教师、教材、教法、考试等方面，对华校进行引导和实质性的帮扶，使其在开展华文教育的同时，加强科学知识方面的教学，培养学生德、智、体、美、劳等全面发展。使单一识字说话的传统教学和应试教育向素质教育转变。同时，欢迎广大华校踊跃参加，为缅甸培养出更多的优秀公民和社会人才。

（二）开展华文教育理论探讨与实践培训

2015年11月19日，第三届缅甸汉语教学研讨会暨缅北地区汉语教学机构才艺培训班在曼德勒福庆孔子课堂正式启动，来自缅北21个地区、41所华校的80余名教师，参加此次汉语教学研讨会及才艺培训班。2016年4月18～22日，中国瑞丽·缅甸缅北华文教育校长培训班在昆明学院开展，期间还举行了座谈会以沟通当前缅北地区华文教育的最新信息。2016年5月19～31日，来自缅甸的41

位华文教师参加了由中国海外交流协会、云南省海外交流协会以及云南曲靖相关单位举办的 2016 年缅甸华文教师培训班，培训课程主要涉及中小学语文和数学的课堂教学技能、计算机运用、中华传统文化体验及教学实践观摩等六个研修领域。2016 年 5 月，缅甸曼德勒省政府把该省酒店和旅游局与曼德勒福庆孔子课堂联合举办的"酒店实用汉语班"列入省政府"百日计划"，以提供当前缅甸酒店业与旅游业急需的汉语人才。2016 年 6 月，缅甸建设部开启为期 6 个月的公务员汉语培训班，以便更好地开展与中国的项目往来。

（三）积极捐资捐物推动缅甸各地华文教育

缅甸华文教育的发展离不开中国的支持与援助。2015～2016 年，云南地方相关部门与组织以及国家侨办积极开展捐资、捐书、捐物活动，有力地推动了缅甸各地华文教育。2015 年 5 月，云南腾冲县侨办组织社会力量到缅甸昔董华兴学校捐资助学，将价值 23.2 万元的教学设施设备与图书等予以捐赠，以改善该华校的办学条件。2015 年 10 月，中国国务院侨办向缅北华文教育促进会下属东宜光华、腊戌国民、和平育华等 10 所学校"华星书屋"赠书 6200 册。2016 年 1 月，云南海外交流协会缅甸分中心向缅甸 10 所华校捐赠图书并挂牌"博览书苑"。2016 年 5 月，云南德宏州人民政府向缅甸曼德勒云华师范学院捐资 100 万元，为进一步完善该校基础设施建设提供了强有力的保障。

三、缅甸华文教育主要特点

总体来看，缅甸的华文教育受到缅甸国内政局与经济状况、华人地位与影响力、中缅双边关系以及国际环境等多方面因素的影响，使其形成了独特的教学体系，呈现出以下特点：

（一）华人社团是推动缅甸华文教育不断向前发展的核心力量

缅甸的华文教育能维持并发展至今日，与当地华人华侨长期的支持密不可分。对于远离故乡的缅甸华人华侨，语言成为了维系民族文化基因的重要纽带。强大的民族认同感与归属感使许多缅甸华人对于传承中华文化抱有极大的热情，因而促成了华人社会重视华文教育的传统。20 世纪 60 年代中后期，在缅甸的正规华文学校、华文补习班等均被收归国有的情况下，缅甸的华人华侨仍努力克服诸多困难发展华文教育事业，借讲授佛经、孔教等方式艰难维持。此外，尽管华人在缅甸的政治地位较低，但华人所经营的工商业对于缅甸国内的社会经济却发挥着举足轻重的作用。华人所具备的经济实力和影响力使得缅甸华文教育有了经济保障。开展华文教育所需的经费、场所、设备等均是在当地华人社团的支持与推动下获得的。因此，缅甸华文教育的长足发展主要得益于缅甸华人华侨长期以来的鼎力支持。

（二）缅甸国家政策以及国内外政治环境等对华文教育影响重大

从表面上看，缅甸的华文教育仅仅是教育领域的问题，但在实际开展过程中却经常涉及更多复杂性问题。在现实中，缅甸的华文教育问题绝不仅仅是华人语言文化教育的问题，它经常要受到缅甸民族政策、教育政策、国内局势以及中缅关系等多方面因素的影响。首先，从缅甸民族政策上来看，缅甸政府至今未正式承认华人为缅甸的少数民族，致使华人享受不到缅甸少数民族所应有的待遇与权益。其次，从缅甸教育政策上来看，华文教育的开展也存在着诸多制约因素，如缅甸政府并没有给予华文学校合法地位，不仅使学校本身处境尴尬，同时也使得在华校学习的学生面临升学、就业等一系列障碍。缅甸华文学校并未被纳入当地国民教育体系，所获得的文凭不被缅甸政府承认。许多华校的学生只能在政府学校学习之余到华校上课，且时间多有冲突，进入高年级后许多学生不得不中断华校学习以准备其升学考试。此外，缅甸国内政治局势不稳定、华人政治地位不高等问题也阻碍了华文教育的进一步发展。在经历了 20 世纪 60 年代的华校收归国有与排华事件之后，不少华人至今仍心存顾虑，不敢放手开展华文教育。最后，由于缅甸华人与中国的历史渊源，中缅关系对于缅甸华文教育也一直非常重视。华人是联系中缅两国的纽带，两国关系的起伏会直接影响到在缅华人与华文教育的处境。

（三）缅甸华文教育南北差异大

从地域角度来看，缅甸华文教育内部存在较大的南北差异。缅北地区与缅南地区在华文教育上的差异主要体现在教学规模、教学方式以及教材选用等方面。从教学规模上看，缅北地区的华文学校数量远高于缅南地区。缅北地区的华文学校占缅甸全部华校的 94.3%，而缅南地区的华文学校仅占 5.7%。[1] 另外，缅北

---

① 鲜丽霞，李祖清. 缅甸华人语言研究 ［M］. 成都：四川大学出版社，2013：120.

地区的华文学校规模较大，教师的综合素质更高且教学开展更规范，相比之下，缅南地区的华文学校普遍规模小、分布散，且办学水平较低。从教学方式上看，缅北地区以母语教学为主，而缅南地区则基本为第二语言教学。缅北地区整个社会基本通用汉语，当地华人以云南籍为主，大多视汉语为母语，因此汉语作为母语教学环境良好。缅南地区的广东、福建籍华人如今基本已使用缅语交流，该地区汉语基本作为第二语言教学。

第八章　中缅关系

随着缅甸民盟新政府正式成立，民盟时代下的中缅关系如何发展已然成为外界关注的一大焦点。2015~2016年，中缅两国政府及相关政党高层保持了频繁的互访，其中最为外界关注的是缅甸全国民主联盟主席昂山素季成为缅甸主要领导人后的首次率团访华，此次访问反映出中国对缅外交更加务实灵活。

缅甸是较早与新中国建交的国家之一，两国也是"和平共处五项原则"的倡导者，缅甸在涉及中国的重大问题上也摆明了立场，支持中国的正确主张与倡议。其中，在中国南海问题上，缅方一向秉持客观中立的立场，不在该问题上选边站。

缅甸民盟领袖昂山素季与中国的渊源较深。她幼时常随其母赴中国驻缅使馆做客，这一氛围也正面影响了昂山素季最初的对华认知。昂山素季也曾表示赞赏中方"一带一路"倡议，并希望"一带一路"倡议能够取得有利各方的结果。

尽管作为缅甸民盟领袖的昂山素季对华态度务实友善，但也不能忽视民盟内部对华态度仍较为复杂，不少民盟成员对华持批评态度，部分成员也参加过对密松水电站、莱比塘铜矿等中缅合资标志性项目的抗议。正因如此，中国政府应通过各种渠道向缅甸民盟政府传达维护中国在缅正当利益的决心，特别是确保在缅投资的大型项目得以顺利开展。从中资企业来看，应努力适应缅甸的社会发展新态势，积极履行社会责任，寻求改变在缅甸民间一定程度的负面形象，从过去的更多地与政府打交道，转变为政府和民间平衡。

中缅两国山水相连，具有天然的经贸合作优势。2015~2016年，中缅两国政府间交往频繁，其中经济议题是交往的重中之重，双方围绕经贸相关领域展开了务实有效的合作。

2015 年，中缅双边贸易额较 2014 年出现了明显下降，但随着缅甸新政府上台后逐步与中国加强经济联系，中缅贸易的未来前景仍较为可观。

总体来看，"一带一路"倡议是与缅甸国家战略以及缅甸民众诉求相契合的，中国有关政府部门、企业、社会组织应细心维护中缅友好合作的大局，将双方全面战略合作伙伴关系落到实处。

未来缅甸投资环境的变化给海外中资企业提供了转型升级的良好契机，有实力的中资企业将更有机会脱颖而出。

中国民间对缅援助一直是两国"胞波"情谊最主要的体现之一，相关社会组织与个人对缅甸的无私帮助很大程度上拉近了两国民众的距离。今后民间交流在中缅关系中的重要性将继续大幅提升，培养"胞波"情谊将是未来两国往来中的一个重要主题。

第一节 民盟主导下的中缅关系走向

在 2015 年 11 月的缅甸大选中，缅甸全国民主联盟（以下简称"民盟"）大获全胜。据缅甸联邦选举委员会公布的结果，民盟总共获得 886 个席位，其中在联邦议会人民院获得 255 席，在民族院获得 135 席，在省邦议会共获 496 席，占据首位。① 2016 年 3 月，缅甸民盟新政府正式成立，未来缅甸将进入"民盟时代"，民盟时代下的中缅关系如何发展已然成为外界关注的一大焦点。

一、2015 ~ 2016 年中缅政治外交

2015 ~ 2016 年，缅甸国内经历了大选与政府更替，同时边境冲突依然此起彼伏，中缅关系虽在此过程中遇到一些波折，但高层互访频繁，同时双方以友好

---

① 缅甸公布最终选举结果［EB/OL］. 新华网，http://news.xinhuanet.com/2015 - 11/20/c_ 111 7214452. htm，2015 - 11 - 20.

大局为重，协商处理有关争议问题，并在涉及彼此核心利益的问题上相互支持。总体而言，中缅两国依然保持着友好合作的政治外交关系。

（一）高层互访频繁，夯实全面战略伙伴关系

2015 年，中缅两国政府及相关政党高层保持了频繁的互访，其中最为外界关注的是缅甸全国民主联盟主席昂山素季率团访华。2015 年 6 月 10 日至 14 日，应中国共产党中央对外联络部的邀请，昂山素季率领代表团对中国进行为期 5 天的访问，访华期间与习近平、李克强等领导人进行会谈。此次访问为缅甸民盟领袖昂山素季首次访华，反映出中国对缅外交更加务实灵活。邀请昂山素季访华不仅加强了中国共产党与缅甸民盟的政党友好交流，也有助于维护中国在缅甸的长期利益，可有效地提升中国在缅甸民众中的形象，从而为今后中缅关系的良性发展奠定基础。

此外，中缅双方高层领导人还就经济领域合作进行了商讨。2015 年 5 月 11 日，缅甸前总统吴登盛在内比都会见了中国国务院秘书长杨晶，双方就推进工业和能源等方面的合作、发展皎漂经济特区建设、推进中缅投资和亚洲基础设施投资银行合作达成诸多共识。9 月 3 日，吴登盛受邀参加中国人民抗日战争暨世界反法西斯战争胜利 70 周年纪念活动，并于活动后与习近平举行会谈，此次会谈为两国最高领导人 2015 年的第二次会晤。吴登盛表示缅方愿继续深化同中方在基础设施互联互通等各领域务实合作。[①] 吴登盛还会见了李克强，双方探讨了中缅以及中国—东盟关系、加强青年交流、缅皎漂经济特区建设等议题。9 月 17~18 日，缅甸副总统赛茂康赴广西南宁出席第十二届中国—东盟博览会开幕式，表示中国倡导的 21 世纪海上丝绸之路倡议将成为东盟互联互通的补充，并且有助于东盟共同体的基础设施发展和一体化。12 月 4 日，吴登盛在内比都总统府会见中国外交部副部长刘振民，双方就加强双边关系、双边合作和促进更宽领域的合作进行讨论。

缅甸民盟新政府成立后，中缅关系并未显现疏远迹象，两国高层依然保持互访，为新时期中缅关系注入活力。2016 年 4 月，中国外交部部长王毅应缅甸外交

---

① 中方愿同缅方探讨扩大边贸等措施［EB/OL］．海南日报，http：//hnrb. hinews. cn/html/2015 - 09/05/content_ 3_ 1. htm.

部部长昂山素季邀请赴缅访问，成为缅甸政权交接后前来访问的首位外交部部长。王毅此次访缅既是一次重要而及时的周边外交行动，更是一次睦邻友好合作之旅，充分表明中缅两国政府珍视两国人民之间的传统"胞波"友谊，重视推动两国睦邻友好合作关系向前发展。8月10~14日，中共中央对外联络部部长宋涛率领中共代表团访问缅甸，双方高层进行了开放的交流并签署了中缅民生合作备忘录。8月17~21日，缅甸国务资政昂山素季对中国进行为期5天的正式访问。此访是缅甸新一届政府成立以来，缅甸领导人首次访华。访问期间，习近平、李克强、张德江等中国领导人会见昂山素季，中缅双方还发表了联合新闻稿。此次访问有力地推动了两国全面战略合作伙伴关系的发展。

（二）协商解决争议，维护中缅友好关系大局

2015年1月起，缅北冲突升级，对中缅边境的安全与稳定造成了诸多负面影响。在3月13日缅甸果敢地区的冲突中，缅甸政府军3枚炸弹落入中国境内并造成多名中国平民伤亡。这一事件引发了中国社会各界的高度关注，中国外交部也对此向缅方提出严正交涉。最终，缅甸就军机炸弹导致中国边民伤亡之事正式道歉。这一事件的处理不仅反映出中国坚定维护中缅边境安全的决心，同时也反映出中国在解决此类突发事件时已初步建立了一定的应急机制。缅北问题同样也是两国领导人会面所关注的核心议题之一。4月12日，习近平出席雅加达的亚非领导人会议和万隆会议60周年纪念活动期间与吴登盛举行了会谈。在谈到缅北局势时，习近平表示中方支持通过和谈寻求缅北问题政治解决的努力，希望尽快看到缅甸和平进程新局面。

此外，2015年1月，155名中国伐木工人进入缅甸伐木被抓。7月22日，缅甸判处153名中国籍伐木工人20年有期徒刑，另有2名17岁的未成年人被判10年有期徒刑。缅方判刑后，中方就中国伐木工被缅方判刑向缅甸提出交涉。最终通过中缅双方的反复协商，此次被判刑的伐木工获得缅方的释放。缅北伐木工事件的处理虽然几经波折，但总体上这一事件并未给中缅关系带来过多的负面影响，同时也反映出中国对缅外交仍掌握一定的主动权。

自2011年以来，密松水电站问题一直是中缅关系中的一个症结所在。尽管如此，中方以中缅关系大局为重，尽量避免该问题成为影响两国友好合作的绊脚石。2015年大选前夕，昂山素季针对密松水电站问题曾表示，如果民盟11月赢

得大选，进而筹组政府，将会把合同内容向民众公开，然后再做决定是否重建。同时也指出，如果缅甸想要在国际上做一个有尊严的国家，"必须遵守签署合同的承诺"。这是昂山素季大选前首次就密松水电站是否重启进行表态。[①] 缅甸民盟上台后，2016 年 8 月 12 日，"伊洛瓦底—密松流域水力发电站项目审核委员会"正式成立，其将负责密松水电站项目的审核。昂山素季在 8 月访华时表示，新成立的调查委员会将解决密松水电站问题。

（三）坚持一贯原则，重大问题双方相互支持

缅甸是较早与中国建交的国家之一，两国也是"和平共处五项原则"的倡导者，多年来双方一直恪守一贯原则，特别是在重大问题上给予对方支持，巩固了两国关系的基础。

民地武问题是一直影响缅甸国内局势的棘手难题之一，2015 年初，缅北民地武与政府军冲突再起。针对这一问题，中方秉持不干涉缅甸内政的原则，但鉴于该问题关系到中国西南边境的安全与稳定，中方一直致力于促进缅甸各方和平谈判。2015 年新一轮缅北冲突爆发后，中国外交部多次重申中方立场，呼吁各方保持克制，希望缅北地区恢复稳定，同时中方还派特使王英凡出席了缅甸政府与民地武的和谈。2016 年 4 月，王毅外长会见缅甸总统吴廷觉时也表示，愿根据缅方意愿，为缅北和谈积极发挥劝和促谈的作用。李克强总理在 2016 年 8 月与来访的昂山素季会谈时表示，中方尊重缅甸主权和领土完整，将在缅和平进程中继续发挥劝和促谈的建设性作用，预祝 21 世纪"彬龙会议"取得成功。从中方的多次表态可以看出，中国在缅甸民地武问题上积极促进和谈，体现了对缅交往的一贯原则立场。

另外，缅甸在涉及中国的重大问题上也摆明了鲜明立场，支持中国的正确主张与倡议。其中，在中国南海问题上，缅方一向秉持客观中立的立场，不在该问题上选边站。2016 年 7 月 13 日，缅甸针对南海仲裁案发表声明，希望当事各方尽力通过和平的、友好协商和沟通的方式解决争端。同时，缅甸政府还强调，希望有关各方积极落实南海各方行为宣言，并争取早日就南海各方行为准则达成共

---

① 昂山素季为缅甸大选造势 首次表态密松水电站是否重启 ［EB/OL］. 人民网，http：//world. people. com. cn/n/2015/0923/c157278 - 27624071. html，2015 - 09 - 23.

识。缅甸政府这一声明中所支持的南海问题的解决方式与中国政府在该问题上的一贯主张相一致。此外，缅方重申坚持一个中国原则，在台湾、涉藏、涉疆问题上理解并支持中方立场。

二、中国与缅甸民盟关系

（一）中国与缅甸民盟交往历程

缅甸民盟领袖昂山素季与中国的渊源较深。昂山素季的父亲昂山将军曾赴厦门筹备缅甸独立运动，母亲杜庆芝是缅甸知名的社会活动家，也是中国的老朋友，曾全程陪同宋庆龄访问缅甸，并在周恩来总理访问缅甸和她访问中国时会见过周总理。昂山素季幼时常随其母赴中国驻缅使馆做客，至今还保留着周恩来总理送其家族的礼物。这一氛围也正面影响了昂山素季最初的对华认知。

中国政府层面与昂山素季的接触也由来已久。已故的中国前驻缅大使程瑞声在 1988～1989 年多次见过昂山素季，为中方后来与民盟及昂山素季的交往奠定了较好的基础。[1] 1990 年昂山素季和民主联盟大选获胜后，时任中国驻缅大使是最早给她发贺电的人员之一。然而当时的军政府拒绝承认选举结果，也并未采纳据说由中国提出的协调民盟和军政府间关系的建议。[2] 在 1990～2010 年缅甸军政府时期，中国政府顾虑到缅甸军政府的敏感神经，与昂山素季及缅甸民盟的接触减至最低。这一期间，中国的外交官、政府官员、学者以及商界都和缅甸民盟几乎没有任何联系。

2011 年缅甸新政府上台后，中国与昂山素季及民盟的接触逐渐增多。自 2011 年以来，接连 3 位中国驻缅大使（李军华、杨厚兰、洪亮）都和昂山素季定期会面。2013 年，缅甸民盟共有 4 个团组访华。2014 年民盟代表团访华的频率继续上升，其中昂山素季派其私人代表来厦门寻访其父踪迹，而民盟中央委员吴登伦访问了云南大学。2015 年 6 月，昂山素季率团首次对中国进行了为期 5 天的正式访问，对于中国与缅甸民盟的交往具有里程碑意义。2016 年 8 月，中共中央对外联络部部长宋涛会见缅甸民盟中央书记处书记、中央执委温腾，并与曾经

① 李晨阳. 对昂山素季访华的解读［J］. 世界知识，2015（13）：26 - 27.
② 孙韵. 中缅关系：全国民主联盟当政是新时代标志吗？［N］. 亚洲时报，2015 - 12 - 10.

来华考察访问的缅甸民盟干部代表座谈。总体而言，中国与缅甸民盟长期以来一直保持沟通与交流，这也为两国未来关系的发展创造了良好的条件。

（二）缅甸民盟对华态度概览

总体而言，缅甸民盟采取了"务实友善"的对华态度。鉴于昂山素季在民盟内拥有崇高的威望和巨大的影响力，通过研判她对中缅关系的表述，可以管窥民盟在对华政策上的立场。昂山素季在2010年11月被解除软禁的次日就声称，"中国是缅甸非常重要的邻居，不要把中国当成敌人"。[①] 昂山素季多次表示，"缅中两国是邻居，而邻居是不可选择的"。她曾暗示被叫停的密松和高铁项目只要公开透明，都有可能重启。针对中缅合资的莱比塘铜矿存在诸多问题，昂山素季领导的调查委员会2013年3月中旬公布调查报告中也给出了客观中肯的评估，称该项目在整改后可继续实施。昂山素季也曾表示赞赏中方"一带一路"倡议，并希望"一带一路"倡议能够取得有利各方的结果。此外，缅甸民盟发言人吴年温等高层也多次表示支持中国"一带一路"倡议，大选前后再度表示重视对华合作。

尽管作为缅甸民盟领袖的昂山素季对华态度务实友善，但也不能忽视民盟内部对华态度仍较为复杂，不少民盟成员对华持批评态度，因认为中国是过去缅甸军政府的唯一支持者而对华抱有负面的认知，而部分成员也参加过对密松水电站、莱比塘铜矿等中缅合资标志性项目的抗议。此外，缅甸民盟内部一些上层精英人士有赴西方留学的经历，其受西方思想观念与意识形态影响较大，对中国的看法也与西方接近，这部分人加入执政队伍后也可能会负面影响缅甸的对华政策。因此，缅甸民盟内部对华态度并未一致，需引起中方重视。

三、未来缅甸民盟对华政策走向

（一）对华政策总基调将保持一贯性

2011年后，尽管中缅交流与合作遇到一些波折，但两国友好关系并未发生实质性的变化。缅甸民盟执政后，缅甸对内将继续推动民主化进程，对外则继续实施"大国平衡"的外交战略。然而，考虑到中缅互为近邻以及中国巨大的影

---

① 刘务. 缅甸政治发展对中缅关系的影响 ［J］. 印度洋经济体研究，2015（2）：20－33.

响力，民盟自然不会忽视中缅关系的重要性，总体会保持对华友好。2015年11月，缅甸民盟主席昂山素季在接受新华社记者专访时表示，缅甸将继续执行与所有国家友好相处的外交政策，更加重视与邻国的关系，继续奉行对华友好政策。① 此外，昂山素季已与前任缅甸总统吴登盛、议长吴瑞曼、总司令敏昂兰取得了合作平稳过渡的共识。从中可推测民盟应不会立刻大刀阔斧地对缅甸内政外交政策进行变革。从缅甸民盟新政府上台后邀请王毅外长访缅、昂山素季访华等一系列活动来看，昂山素季及其领导的执政团队对华友善，中缅关系依然持续健康向前发展。因此，可以预见民盟执政初期会延续巩发党对华政策的总基调，同时表现出更加务实、灵活的一面。缅甸新政府成立后，中缅两国政府间的政治互信也在稳步建立，相信在双方努力下将尽力避免两国再次出现新的重大争端。

（二）对华政策将更基于客观理性考量

由于军政府时期缅甸对中国的过度依赖，2011年具有军方背景的巩发党上台后，为争取民意在某些问题上迎合了反华势力的要求。与巩发党不同，民盟自开始执政就是民心所向，和中国的关系也更有条件重新开始。因此民盟处境更为有利，可以较为客观地基于具体项目优势进行评估，制定相应的对华政策；也更能轻装上阵，理性对待中国并基于实际考量进行合作，而无须背负历史或情感包袱。因此，昂山素季和民盟执政首先是维护缅甸国家利益，对美国等西方国家未必完全言听计从，而是会综合权衡各项利害得失后再做出客观理性的决策。针对密松水电站等中国在缅投资项目问题，缅甸民盟新政府也已成立专门的委员会对其进行评估。尽管在评估过程中仍可能会夹杂一些政治性因素，但新一届缅甸政府将表现出更为理性与客观的一面，更多地进行实际权衡后尽可能得出令各方都能接受的解决方案。

（三）对华政策的制定将更注重民众话语权

在民主化进程下，近年来缅甸所制定的各项方针政策越来越呈现出民生导向，对农业、制造业、旅游业等拉动就业作用明显的产业日益重视。昂山素季以及缅甸民盟一向以亲民形象示人，其中昂山素季更是被美国等西方国家视为所谓

---

① 缅甸民盟主席表示将奉行对华友好政策［EB/OL］. 新华网，http://news.xinhuanet.com/photo/2015-11/18/c_128442046.htm，2015-11-18.

的"民主运动典范人物"。民盟执政后，自然会更多地从民生角度来考虑外资政策。目前中国对缅投资主要还集中在能源、矿产等行业，因资源消耗、环境污染、居民搬迁等问题而饱受诟病。同时，中国企业在缅运作不够公开透明也经常遭到缅甸舆论的指责。因此，民盟今后与中国在投资项目合作方面将会更注重缅甸民众的话语权，各类民间 NGO 会更多地参与到对华引资政策的制定上来。此外，随着缅甸私营媒体与社交媒体的迅速发展，社会舆论对于缅甸政府制定决策的影响力也将日益增强，民盟在制定对华政策时也必将更多地受到来自各方的压力。

（四）在民地武与经济问题上将继续依赖中国

长期作为在野党的缅甸民盟缺乏执政经验，而其上台后也不得不面临着诸多国内棘手难题，如政府军和多个民族武装的冲突仍在继续，宗教矛盾尖锐，国内经济落后，缅元贬值，农村贫困，贸易赤字，教育滞后，罢工迭起等，总体来看主要为国内安全问题与经济民生问题。前者关系到缅甸国内的和平稳定，后者关系到缅甸能否抓住对外开放机遇改善民生。尽管执行大国平衡外交战略的缅甸将不可能对中国"一边倒"，但在上述两个问题上，缅甸依然会继续寻求中国的支持与协助。在缅甸国内安全问题上，昂山素季自缅甸新政府成立后积极展现出推动国内民族和解进程的姿态，组织在 2016 年 8 月底举行 21 世纪"彬龙会议"。昂山素季在此前夕访华也正说明中国在缅甸民地武问题上有着举足轻重的影响力，而其本人也表示相信中国将尽自己所能帮助缅甸实现和平。在国内经济民生问题上，缅甸民盟新政府也十分希望继续保持缅甸经济快速增长的势头，积极发展对外贸易，同时利用好外资。中国作为缅甸最重要的贸易伙伴与外资来源国，长期以来对于助推缅甸经济发挥了不可替代的作用。未来缅甸在发展经济过程中解决民生问题也将会参考中国经验，两国在这一领域的合作空间广阔。

四、民盟时代下中国对缅外交政策建议

（一）秉持原则，坚定维护中国在缅正当利益

中缅历来是友好邻邦，特别是建交以来两国共同提倡"和平共处五项原则"为世界各国所称道，正是由于两国几十年间共同恪守这一准则，中缅友好关系才几经波折保存至今。针对目前缅甸因大选而发生的一系列变化，中国更应该秉持

对缅交往的一贯原则，不干涉其内政，并积极促进缅甸稳定与发展。在涉及缅甸国内和平进程以及其他重大问题时，中方应摆明正确立场，基于两国关系长远考虑，支持缅方的合理诉求。缅甸大选后，中国外交部发言人洪磊在 2015 年 11 月 19 日的外交部例行记者会上表示，中方将一如既往地奉行对缅友好政策，积极开展与民盟在内的缅甸各友好党派的交往。① 在坚持对缅友好大方向的同时，中国也应认识到缅甸国内部分反华势力依然存在，而美国等西方国家也可能继续拉拢缅甸民盟内部亲西方人士，采取各种渗透方式争取将缅甸作为遏制中国的棋子。因此，中国政府应通过各种渠道向缅甸民盟政府传达维护中国在缅正当利益的决心，特别是确保在缅投资的大型项目得以顺利开展。

（二）取信于民，掌握新时期对缅关系主动权

不管今后缅甸国内局势将发生何种变化，民盟都将主导未来 5 年内的缅甸内政外交。因此，中国方面应积极采取行动为新时期中缅关系开好头，特别是为解决中国在缅投资困境寻找突破口。从缅甸新政府成立后中国对缅交往的实际情况看，中国对缅外交方式更加灵活、务实，在此基础上应继续制定更为成熟的对缅外交策略，各级部门建立突发事件应急机制，及时并妥善应对两国今后合作中可能出现的各种问题。针对中国在缅投资，昂山素季在大选后表示"中国投资在缅甸要更加成功，最重要的是我们人民的接受程度"、"最需要做的是要取信于民"。因此，中国需要理解民盟，还将更为响应缅甸人民的意愿并接受新的缅甸政治现实，在"一带一路"等对缅合作中多考虑缅甸民众的诉求。如今缅甸NGO 已日益强大，故中国政府也应鼓励国内的 NGO 积极介入中缅合作中去，宣传合作项目给当地民众带来正面效益。从中资企业来看，应努力适应缅甸的社会发展新态势，积极履行社会责任，寻求改变在缅甸民间一定程度被妖魔化的形象，从过去的更多与政府打交道，转变为政府和民间平衡，使自身更加"接地气"。

（三）有备无患，维持与缅其他政治势力关系

尽管缅甸民盟由于在此次大选中获胜而取得了未来 5 年的执政权力，但巩发

---

① 外交部：中方愿同包括全国民主联盟在内的缅各友好党派加强交往［EB/OL］．新华网，http：//news．xinhuanet．com/2015－11/19/c_ 1117199203.htm，2015－11－19．

党、军方等政治势力的影响在缅甸依然存在。目前，军队的影响力仍可渗透缅甸政治生活的方方面面。昂山素季及民盟与缅甸军方的矛盾并没有完全消除。缅甸大选后，昂山素季曾表示下任缅甸总统不能有军方背景，同时她本人将凌驾于总统之上。这一系列言论都引发了巩发党及军方部分人士的不满。缅甸民盟新政府成立后，昂山素季担任国务资政，同时高调地推进与民地武的和解，在这些问题上与军方也存在一定分歧。上述矛盾使未来缅甸政局走向仍存在较大变数，巩发党重返执政并非没有可能。此外，缅甸除巩发党与民盟外，还存在其他一些在野党派。尽管当前这些党派的规模还无法与巩发党、民盟相比，但其中一些党派近年来发展亦十分迅速，同时诸如"88学生组织"等政党为提高自身的影响力，也可能会采取抨击中国等极端方式，必须引起中方的高度重视。因此，中国有必要和所有政治党派维持良好关系。曾支持缅甸某一单独政治势力的经验教训也让中国付出了沉重的代价，因此不太可能重蹈覆辙。

（四）多管齐下，全方位构建对缅外交体系

缅甸军政府时期，由于军方几乎是当时主导缅甸国内的唯一政治力量，因此中国与缅甸的外交模式较为单一，主要是与缅甸军政府间的政府外交。2011年吴登盛政府上台后，缅甸国内政治环境日趋复杂，而中国延续过去的单一政府外交思路也暴露出不少问题，被外界指责为走"上层路线"。针对缅甸当前的国内政治变化，中方应拓宽对缅交往思路，全方位构建以政府外交为主，辅以政党外交、民间外交、公共外交的新型对缅外交体系。具体来看，未来政府外交仍将会是中缅交往的主要方式，但这并不是唯一的方式。缅甸国内日益多元化的政党格局决定了政党外交在中缅政治外交中应占有一席之地。民间外交与公共外交则是创新中缅交往方式的两个突破口。当前缅甸已进入民主化转型新时期，而以民主形象示人的缅甸民盟上台后，也明确了发展国内民生、重视基层民主的施政方向。在民间外交方面，中国应重视搭建各类中缅民间交流平台，培育缅甸对华友好力量，并鼓励云南、广西地方层面发挥地缘、人缘优势，在中缅民间外交中起到引领作用。在公共外交方面，中国应积极与缅方合作举办各类人文节庆活动，互办"中缅文化交流年"、"中缅旅游年"等活动，同时加强对活动本身的宣传，力求活动能尽可能多地影响到缅甸的普通民众。

第二节 中缅经贸投资合作现状、挑战与机遇

一、中缅经济关系概况

长期以来，中国与缅甸始终保持着密切的关系，中国在缅甸对外经济联系中发挥越来越重要的作用。

（一）两国经济合作协议签署情况

1954年4月，中国驻缅甸大使姚仲明和缅甸商业与合作事业部部长德钦达钦签署3年贸易协定，这是中缅签订的两国间第一个贸易协定。1958年2月21日，中缅两国政府签订新的贸易协定。1971年11月19日，缅甸贸易部长貌伦率政府代表团访华，新的中缅贸易协定签署，双方相互给予最惠国待遇。1985年以来，由于两国边贸发展较快，双边贸易额有了较大增长，而进入90年代后中缅经贸合作升温迹象明显。1994年8月10～15日，签署《中缅两国关于边境贸易的谅解备忘录》。1997年5月底，中缅签署《关于成立经济贸易和技术合作联合工作委员会的协定》。2000年在中缅建交50周年之际，中缅两国签署了《中国与缅甸旅游合作协议》、《中国与缅甸科技合作协议》、《中国与缅甸经济技术合作协议》和《关于中国公民自费赴缅甸旅游实施方案的谅解备忘录》等文件。2001年，在江泽民主席访缅期间，两国签署了《中缅渔业合作协议》、《关于鼓励促进和保护投资的协议》等文件。2004年3月，中国副总理吴仪率领高级官员及企业家代表团访问缅甸，两国签署了《中缅两国政府关于贸易、投资合作谅解备忘录》等21项协议。2006年2月，缅甸总理梭温访华，双方签署了《中缅两国政府间经济技术合作协定》等8个合作文件。2010年6月，中国总理温家宝访问缅甸，双方签署了中缅油气管道建设等15项经贸合作协议。2013年12月，中缅双方签署了《中缅经济技术合作协议》、《援缅东盟轮值主席国物资项目立项换文》。2014年11月，中国国务院总理李克强首次访缅，访缅期间双方签署了一系列经贸合作文件，推动了两国经贸关系迈上新台阶，更好地造福两国人民。

（二）两国主要经济合作领域

1. 油气合作

长期以来，中国是缅甸在能源与矿业领域的主要合作伙伴，中国在该领域的投资占全部对缅投资的比重较大。双方的合作成果众多而显著，主要集中在能源通道合作、油气开发、电力开发以及矿产勘查开发等方面的合作。2009 年 3 月，中国和缅甸两国正式签署了建设中缅原油和天然气管道的政府协议。中缅油气管道是中国第四大能源进口通道，包括天然气和原油两条管道，中缅天然气管道2013 年 9 月全线贯通，石油管道于 2015 年 1 月全线贯通。此外，2014 年 11 月，中国石油与缅甸能源部签署《关于扩展中缅油气领域合作的谅解备忘录》，双方能源合作进一步深化。目前，中国石油、中国石化和中海油等中国国有石油商正加快在石油项目上与缅甸合作的步伐。

2. 电力合作

电力领域合作有利于夯实中缅关系的基础，国内诸多电力企业也开始重视对缅甸水电市场的开拓。目前，中缅电力合作主要集中在水电资源开发项目与电力贸易上，同时也在探索其他绿色能源发电的合作模式。20 世纪 90 年代初，中国企业就开始在缅甸承建中小型水电站。2011 年 9 月，缅甸新政府突然叫停了中电投在建的密松水电站，中国水电投资在缅受挫。但中资企业在缅甸的水电开发项目没有因此停滞，近几年来两国继续推进以大型水电项目为主的电力合作并取得了多项实质性进展。此外，目前云南电网公司通过瑞丽江一级电站和太平江一级电站在缅甸开展电力进出口贸易，此项目极大地缓解了缅甸国内，尤其是夏季供电不足的现象，为居民生活水平的提高创造了条件，更保障了当地发展所需的工业用电，促进国内经济总量的提高。

3. 矿业合作

中国与缅甸矿产资源互补性强，为加强两国勘查开发合作奠定了基础。进入21 世纪以来，中缅两国加快了矿产勘查开发合作的步伐。2008 年，中国有色矿业集团就与缅甸矿业部第三矿业公司签署了"缅甸达贡山镍矿项目生产合同"，为目前两国间最大的矿业合作项目。同时，中缅两国于 2010 年正式签署莱比塘铜矿项目合同并于 2012 年开工建设，此后该项目曾多次被迫停工，目前该项目仍在按计划进行。此外，在进出口贸易方面，缅甸的矿产品主要是通过边贸口岸出口至中国。根据两国相关协议，从 2014 年起经边境贸易出口的缅甸原矿石可获中国免税待遇。

4. 农业合作

中国与缅甸均是农业大国，两国进行农业合作有着重要的现实意义。对中国而言，加强与缅甸等周边国家的农业合作是贯彻农业"走出去"战略的迫切需要；对缅甸而言，其本国农业发展水平低，亟须获得中国在技术与资金上的支持。中国与缅甸的农业交流与合作可追溯到 20 世纪 50 年代。90 年代起，中缅之间加快了两国政府层面农业相关协议的签署。2014 年 10 月，两国农业部门签署了《中国农业部与缅甸农业与灌溉部关于加强农业合作的谅解备忘录》。当前两国主要农业合作领域包括农产品与农资产品贸易、农业示范园建设、毒品替代种植项目以及品种培育合作等。缅甸民盟新政府上台后，农业等民生产业将更加得到重视，因此未来中缅农业合作顺应了缅甸产业发展导向，且具有广阔的前景。2016 年 6 月 24～28 日，在缅甸首都内比都举办了中缅农业合作联委会第一次会议，双方就中缅农业种植、科研、农产品贸易和搭建合作平台等方面交换了意见并签署了会议纪要。两国在农业合作方面优势互补，需求和供给相吻合，有着广阔的合作发展空间。

5. 旅游合作

进入 21 世纪以来，中缅双方国家层面的旅游合作开始步入快车道。2000 年 7 月，时任中国国家副主席的胡锦涛访问缅甸，两国签署《中缅旅游合作协定》。同年 12 月，两国签署《关于中国公民自费赴缅甸旅游的谅解备忘录》，缅甸成为中国公民自费旅游的目的地国家。2005 年，中国停止了边境口岸异地办理出入境通行证等手续，而 2006 年缅甸政府也单方面取消了中缅跨境多日游。中缅跨境旅游合作曾一度受到较大影响。2013 年 12 月，云南省中缅边境游异地办证再度重启。2014 年 11 月，首条中缅自驾旅游环线在云南瑞丽正式启动，标志着两国旅游合作取得了重大进展。当前中缅旅游合作主要包括跨国旅游线路开发、旅游交通建设、旅游市场监管以及出入境手续简化。未来中缅旅游合作潜力巨大，而今后中国对缅旅游与酒店投资也孕育着良好的市场契机。

二、中缅经贸投资合作现状

中缅两国山水相连，具有天然的经贸合作优势。总结起来，2015~2016年中缅经贸投资合作有如下几个特点：

（一）两国政府间经济交流合作稳步开展

2015~2016年，中缅两国政府间交往频繁，其中经济议题是交往的重中之重，双方围绕经贸相关领域展开了务实有效的合作。2015年9月，中国—缅甸林业贸易与投资合作信息交流会在云南瑞丽举行，两国林业部门达成林业贸易与投资信息共识。2016年6月，中国农业部副部长余欣荣率团赴缅进行工作访问，出席在内比都举行的中缅农业合作联委会第一次会议，与缅方农业部门广泛交换了意见并签署会议纪要。在2016年8月缅甸国务资政昂山素季访华期间，中国商务部部长高虎城代表中方与缅甸签署经贸合作协议，中缅同意就水资源保护、能源、医疗卫生、教育等签署协议，同时缅甸也将成立特别小组复审密松大坝项目。此外，在昂山素季访华期间发表的中缅联合新闻稿中，缅方表示欢迎中方倡导的"一带一路"和孟中印缅经济走廊合作倡议，双方将继续用好经贸联合委员会、农业合作委员会、电力合作委员会等政府间合作机制，加强经贸、农业、水利、电力、产能、金融等各领域互利合作。

（二）双边贸易额有所下降，但前景可期

中国海关统计数据显示，中缅2015年双边贸易额较2014年出现了明显的下降，见表8-1。从表中可以看出，2015年年中缅进出口贸易总额相比2014年减少了97亿美元，降幅达到38%。从单月来看，3月、8月、9月和10月这4个月的下降幅度最大，进出口总额同比下降超过50%。由此可以看出，2015年全年中缅双边贸易出现了一些波折，特别是7~8月，缅甸遭受的特大洪灾对后续月份的中缅贸易产生持续影响。进入2016年后，中缅双边贸易并没有得到回升，1~6月的进出口总额为60.8亿美元，略低于2015年同期的65.99亿美元。可以看出，2015~2016年的中缅贸易受到缅甸大选以及政府更迭的影响呈现出一定的波动，但随着缅甸新政府上台后逐步与中国加强经济联系，中缅贸易的未来前景仍较为可观。

表 8 - 1　中缅双边贸易额统计表　　　　　　单位：亿美元

月份	2015 年对缅出口额	2015 年自缅进口额	2015 年进出口总额	2014 年进出口总额	进出口总额同比增长（%）
1	14.26	1.81	16.06	13.61	18.03
2	6.35	3.09	9.45	7.18	31.56
3	5.24	2.62	7.85	17.06	-53.96
4	6.92	3.26	10.18	15.37	-33.76
5	7.55	2.52	10.07	13.5	-25.41
6	6.70	5.69	12.38	17.61	-29.68
7	7.73	6.50	14.23	16.29	-12.64
8	5.66	3.24	8.90	19.43	-54.20
9	6.67	1.22	7.89	57.58	-86.29
10	7.51	3.28	10.79	40.22	-73.17
11	8.16	8.03	16.19	18.14	-10.77
12	13.80	15.00	28.80	13.81	108.52
合计	96.55	56.25	152.79	249.8	-38.83

数据来源：根据中华人民共和国海关总署网站 2014 年、2015 年《海关统计月报》整理得到，http：//www. customs. gov. cn/publish/portal0/tab68101/。

从贸易商品类别来看，中国主要向缅甸出口工业品及日用品，缅甸主要向中国出口原油、天然气及农产品。边贸在中缅贸易中扮演重要的角色，其中缅甸出口的大米 93% 以上通过边境贸易销往中国。单云南最大的边贸口岸瑞丽在 2015 年 1 ~ 11 月的进出口贸易额便达 40.7 亿美元，是同时期中缅贸易总量的 33%。

（三）中国仍是缅甸第一大投资来源国

虽然近些年中企在缅的投资项目遇到了很多的挫折，但中国对缅投资额一直保持在前列。截至 2015 年 12 月底，中国在缅甸共投资项目 115 个，投资额为 154.18 亿美元，占缅甸外资总额的 26.07%，继续保持缅甸最大投资来源国的地位。[1] 此外，根据 2016 年 7 月中国驻缅甸经商参处发布的信息，中国共在缅甸投

---

[1]　中国驻曼德勒总领事馆经济商务室网站，http：//mandalay. mofcom. gov. cn/article/jmxw/201602/20160201258594. shtml，2016 - 02 - 19.

资 108 个项目，总投资额为 179.28 亿美元，仍然位居首位。然而，中国对缅投资主体仍以国有企业为主，与缅甸投资合作对象也还是集中在官方或军方企业，对缅投资类别也主要以资源开发为主，水利、油气、矿产几乎占中国对缅投资额的全部，而较少地进入农业、旅游业及制造业等民生产业领域。

中国在缅投资合作项目于 2015 年 11 月大选之后取得了重大进展。2015 年 12 月，中缅国际铁路大理至临沧段开工，这是中国实施"一带一路"倡议、建设孟中印缅经济走廊的重要项目。12 月底，中国中信集团联合体中标皎漂经济区深水港项目。这是中国企业在缅甸大选后获得的首个在缅大型项目，为今后两国基建合作营造了良好开端。2016 年 3 月，广东振戎能源有限公司在缅甸土瓦经济特区旁的 500 万吨炼油厂项目获缅甸投资委员会批准。此外，针对外界备受关注的密松水电站，缅甸目前也已成立调查委员会对其进行评估。

（四）中缅金融合作步伐加快

随着近年来缅甸经济的快速发展，其国内金融业也迎来腾飞的新契机，中缅两国积极在金融业开展合作。2015 年 2 月，中国建设银行云南省分行与缅甸合作社银行签署跨境清算合作协议。这是该行在继缅甸经济银行之后拓展的第二家对缅合作银行。[1] 3 月底，瑞丽中缅货币兑换中心正式挂牌成立，瑞丽市跨境贸易人民币结算量位居云南省第一。9 月 8 日，中国工商银行仰光分行成立，标志着工行成为第一家进入缅甸市场的中资银行。9 月 14 日，中国银行仰光代表处成立。12 月，中缅金融合作取得了实质性的突破，云南富滇银行与缅甸环球财富银行达成四项合作意向。至此，中缅银行间合作呈现中国国有商业银行、地方法人金融机构、缅甸国有银行、各私营银行共同参与、并驾齐驱的可喜局面。中缅两国金融合作不仅得到两国金融机构的高度重视，而且两国政府层面在金融领域合作方面的探讨也在积极进行。2016 年 6 月 25 日，中国驻缅大使洪亮会见了缅甸中央银行行长，双方就目前两国金融领域合作的现状、问题及未来重点合作方向进行了探讨。两国自政府到金融机构，上下贯穿的合作使得两国金融业合作步伐不断加快，前景良好。

---

① 建行云南省分行与缅甸合作社银行签署跨境人民币合作协议［EB/OL］. 人民网，http://yn. people. com. cn/news/yunnan/n/2015/0127/c228496 – 23703426. html, 2015 – 01 – 17.

三、中缅经贸投资合作面临的问题与挑战

（一）缅甸大国平衡战略影响中国对缅投资

受 20 世纪 90 年代西方大国对缅甸制裁的影响，使得缅甸转而加强与中方的合作，在此期间经过双方的努力，尤其是来自中方的资金对于军政权的重要作用，中缅两国的关系迅速升温，各方面的合作全面展开，两国关系一度进入"蜜月期"。2011 年 3 月缅甸前总统吴登盛政府上台后，缅甸调整外交重心，选择了基于现实主义的"大国平衡战略"，对外政策逐渐"中立化"和"平衡化"，努力改善与欧美大国，特别是美国的关系，在中美两国之间寻求平衡，尽量减少对中国的过分依赖，以满足实现国家利益最大化的现实需求。平衡外交策略的实施使缅甸获得了相对宽松的国际环境，也找到了更多的战略依托，降低了中缅关系的重要性和中国对缅甸的战略价值。中国对缅投资因此受到了一定程度的影响，甚至陷入困境。目前新上台执政的缅甸民盟尽管表现出对华友好姿态，但并不意味着缅甸将放弃巩发党时期的"大国平衡战略"，过去缅甸对华一边倒的局面将不复存在，对此中方应有高度清醒的认识。

（二）缅甸国内局势对中缅双边经济合作发展的威胁

民族宗教冲突一直是影响缅甸国内局势的最主要因素，同时也是国外投资者进入缅甸时所面临的重要难题之一。许多中国在缅投资的大项目均位于中缅边境或缅甸少数民族聚居地。尽管当前缅甸国内局势总体已趋于稳定，但部分边境地区依然存在较多隐患。长期以来，缅甸中央政府与边境少数民族武装势力对峙、民地武之间的冲突等都给中缅双边经济合作发展带来了巨大威胁，尤其是缅北地区的克钦独立军、果敢同盟军等武装与缅甸政府军冲突，极大地影响了中缅双边贸易与投资合作的正常开展。在一些情况下，中国在缅投资项目还可能成为缅甸政府与各民地武势力冲突的牺牲品。缅甸政府应妥善处理国内冲突矛盾，而缅甸国内的和平稳定是中缅双边顺利发展经济合作的必要条件。此外，缅甸国内仍然存在不同族群间的宗教矛盾，已逐渐成为中资进入缅甸又一大威胁，如中国在缅主导投资的皎漂经济特区就位于宗教矛盾较为突出的缅甸若开邦。

（三）中国对缅投资领域有待进一步拓展

长期以来，中国对缅投资领域基本局限在能源、矿产、电力等高耗能、低环

保领域，这一局面在 2015～2016 年仍未得到根本性改观。固有的投资结构在今后将给在缅中资企业乃至中缅关系带来一系列隐患。一方面，民主化进程下缅甸民众表达自身诉求的渠道日渐增多，各类民间 NGO 在缅甸社会的影响力持续提升，而中资企业目前的主要投资领域也将面临更大的社会舆论风险。目前，针对中国"掠夺缅甸资源"、"破坏缅甸环境"的声音越来越多地出现在缅甸媒体中。另一方面，农业、制造业、旅游业等民生产业在缅甸已显现出高速增长态势，缅甸民盟新政府也着力重点扶持上述产业，缅甸新增的各国资本中有很大部分进入了这些领域，如新加坡对缅甸酒店业投资已居首位，越南也紧随其后，而中资企业若不及时地调整投资结构将在未来与各国竞争中处于被动。

（四）中缅双方经济合作结构失衡、地位不对称

近年来，中缅两国的经济合作不断增多，发展较快，但总体而言，双方经济发展程度与两国全面战略合作伙伴关系极不对称。中国在缅甸对外贸易合作中一直居于主导地位，已成为其第一大外贸合作伙伴，对缅甸国内社会经济各方面具有深刻影响，尤其是在与中国接壤相邻的缅北地区，中国进出口贸易商品已成为当地居民日常生活中的必需品。但中缅双边贸易在中国全国外贸中所占比重十分微小。缅甸对中国贸易常年保持贸易逆差，导致缅甸贸易逆差的原因，主要是其相比进口产品，出口产品种类较少，且多为大米、木材、矿产等初级产品，附加值不高。同时中缅双边贸易合作主要集中在两国边境地区，双边贸易结构长期失衡大大增添了两国贸易摩擦的隐患，积极、妥善处理贸易平衡性问题，对保证双边贸易合作的长期、稳定、健康发展尤为重要。

（五）中国在缅甸与其他国家的竞争加剧

随着缅甸民主化进程推进，缅甸政府积极改善与西方国家的关系，西方国家相继解除对缅甸的制裁与封锁，并给予其大量经济援助，双边经济合作渐有起色。日本、美国及欧盟与缅甸双边贸易与投资合作都有了明显的增加，随着西方国家的"强势回归"，中国在缅甸的传统优势将日渐式微，如果中国不积极作为，很有可能被逐步边缘化。未来中资企业在缅甸国内市场将面临更多的国际竞争对手，中方需要做好各方面的应对准备。随着缅甸与西方国家经贸合作的日益升温，缅甸国内亟须的大量制造业产品，很可能由过去自中国进口而大幅转向西

方国家，"贸易替代效应"趋势将在所难免。同时，随着缅甸出口市场多元化战略不断推进，给中国自缅甸进口各类原料和初级产品也带来了巨大的挑战和冲击。

四、未来中缅经贸投资合作机遇

（一）中缅在民生以及高新技术产业领域合作潜力巨大

促进民生与推动产业升级是目前缅甸主要的产业发展趋势。从目前缅甸的国情来看，旅游业、制造业、农业以及交通运输业等产业均与其国内民生紧密相关。旅游业、制造业等行业能为缅甸国内提供大量的就业岗位，因而成为缅甸民盟新政府改善民生的重要抓手。另外，目前缅甸仍以发展高资源消耗、低附加值产业为主。多年的发展并未使本国产业层次和技术水平得到很明显的提升。因此，一些高新技术产业将成为缅甸政府今后重点推进的新兴领域，以增强缅甸在国际市场上的产业竞争力。由于过去在缅中资企业过于集中于油气、矿产等资源消耗型产业，今后中国在缅投资多元化势在必行，其中不少资本将越来越多地转向农业、旅游、制造业等民生产业。为更多吸引这些领域的外资，今后缅甸民盟新政府也将陆续出台优惠政策。中国由于与缅甸地缘毗邻，在边境农业合作示范园、跨境旅游线路开发等方面有着独特优势。此外，缅甸也表现了期待与中国在高新技术产业领域合作的意愿，已与中国合建技术转移中心，未来两国在纳米、生物技术、信息产业等方面的合作将继续深化。

（二）"一带一路"倡议为双边经贸合作提供新平台

"一带一路"倡议是我国基于历史与现实双重背景提出的具有重要战略意义的框架倡议，而从多个方面来看，缅甸都是"一带一路"中不可替代的关键节点，具有举足轻重的地位。"一带一路"倡议的提出为中缅新时期开展各领域合作搭建了广阔的舞台，而中国在该框架下顺利开展与缅甸合作的关键，就是在准确把握缅甸国家发展战略基础上有效满足其国内各阶层最迫切的利益诉求。"一带一路"倡议本身能够给缅甸带来切实利益，而进一步提升两国合作水平则需要尽可能地发挥该战略框架与缅甸国家利益的契合之处，利用当前两国合作的有利因素进行具体谋划与布局。从先前的巩发党政府到如今的民盟政府，缅甸领导人对于"一带一路"倡议均持正面态度，这也为今后中国与缅甸在"一带一路"

倡议下开展经贸合作奠定了良好的政治基础。加强与周边国家的基础设施建设合作是"一带一路"倡议的重要内容，对于亟须开展交通、电力、水利等基础设施开发的缅甸则显得尤为迫切。总体来看，"一带一路"倡议是与缅甸国家战略以及缅甸民众诉求相契合的，还能带动中缅在澜沧江—湄公河合作机制、孟中印缅经济走廊等其他框架下的广泛合作，中国有关政府部门、企业、社会组织应细心维护中缅友好合作的大局，多从缅方利益角度出发进行项目谋划，将双方全面战略合作伙伴关系落到实处。

（三）缅甸投资环境的变化有利于推动海外中资转型升级

近年来，随着缅甸进一步实施对外开放，GDP 增长率高居东南亚国家的榜首，经济增长潜力巨大，吸引大量的国外资本涌入，使缅甸一跃成为外商投资热门国家。根据联合国贸易与发展会议（UNCTAD）发布的报告，至 2018 年缅甸和菲律宾将取代中国香港和新加坡，进入全球外商直接投资（FDI）目的国前 15 名。缅甸民盟新政府上台后，对于外资的引进与管理将更加规范化，也更加重视缅甸民众的话语权。以往中国在缅投资曾被指是"与军政府单方面签订合同"、"不透明"、"不公开"以及"掠夺缅甸资源，破坏缅甸生态环境"。同时，在缅投资中企又"以央企和云南省企业居多"。[①] 上述问题不仅存在于中国在缅的投资，也是其他许多海外中资的共同瓶颈。今后缅甸民盟政府的外资政策将日益转变为"规则导向"，这也迫使海外中企转变投资方式，以更加透明、公开的方式获取与运营项目。与先前巩发党政府不同，民盟政府对待外资不会掺杂过多的政治性因素，可以较为客观地基于具体项目优势进行实际评估，这也使得中资企业在今后能够更加公正地受到对待，更加公平合理地参与竞争。此外，由于农业、制造业、旅游与酒店行业以及其他一些民生产业是缅甸今后的重点发展领域，故今后缅甸的投资环境也给中国不少民营企业提供了广阔空间。总体而言，未来缅甸投资环境的变化给海外中资企业提供了转型升级的良好契机，有实力的中资企业将更有机会脱颖而出。

---

① 卢光盛，黄德凯. 如何在缅甸大选之后维护中缅经济合作的势头 [J]. 世界知识，2016（3）：26－27.

第三节　中缅民间交流回顾与展望

一、历史上的中缅民间交流回顾

自古以来，中国和缅甸就是山水相连的友好邻邦，两国人民之间的"胞波"情谊源远流长，历朝历代的友好交流从未停止。进入近代，中缅"胞波"情谊在两国人民共同的反侵略、反殖民斗争中更加坚固。新中国成立后，尽管中缅民间关系出现过一些波折，但总体上仍保持着和谐友好的总基调。

（一）古代中缅民间交流

中缅两国的最早往来始于民间经贸往来，而两国经贸关系的发展又得益于两国间陆上和海上交通的开辟。早在公元前四五世纪，被称为"蜀身毒道"的南方陆上丝绸之路的成功开辟，标志着中缅两国间经贸、文化交流的开始。"蜀身毒道"实际上是连接四川、云南、缅甸和印度之间的国际通道。自海上航线开通之后，中缅两国间又开始了频繁的海上贸易往来。由此可见，早在中国秦汉时期，两国民间通过陆路和海路已经开始了商贸往来。

魏晋南北朝时期，中缅文化交流在民间中交流的重要性逐步上升，其中以中国对缅甸在宗教领域的影响最为显著。公元4世纪，中国大乘佛教开始沿川滇缅南方丝绸之路传入缅甸。大乘佛教在缅甸的传播对缅甸宗教文化产生了较大影响。缅语中的不少佛教词汇来源于汉语佛经译本，而非直接取自巴利文或梵文，如"南无"、"罗汉"、"喇嘛"、"佛爷"、"涅槃"等。与此同时，缅甸的小乘佛教也传入了云南傣族地区。

唐宋时期，滇缅地区交通日益发达，同时中缅官方之间长期保持着较为友好的关系，这也使得两国民间贸易往来与文化交流达到了新的高度。在贸易方面，两国境内各自设立集市，便于双方开展集市贸易。在文化上，两国民间在舞乐艺术、宗教、医药等领域的交流不断取得丰硕成果。进入元朝之后，大量华侨开始移居缅甸，成为中缅两国间文化交流的媒介。

明清时期，中缅民间贸易范围和规模不断加大，两国陆路与海路贸易通道已较为发达。中国商人入缅，也将中国的先进技术带到缅甸，如制瓷、制陶、采矿以及铜铁器打制等。与此同时，以桂家和敏家为代表的旅缅华侨在当地开采银矿、创办银厂，他们还将中国大乘佛教中的弥勒信仰传入缅甸，促进了中缅之间的佛教文化交流。

（二）近现代中缅民间交流

1840年鸦片战争之后，中国福建、广东等地人民大批赴缅，加上不断从云南前往缅甸采矿、经商的华侨，到19世纪末，缅甸境内华侨人数迅速增加。到清末，缅甸华侨社会已基本形成。众多的旅缅华侨为缅甸经济建设做出了重要贡献，增进了两国文化技术交流，密切了两国友好关系。

1824~1885年英国殖民者的入侵，对中缅两国人民的传统友谊造成了严重破坏，两国民间互通有无的传统贸易为殖民地经济所取代。英国殖民者无端挑拨两国人民的关系，制造了近百年的中缅边界纠纷。然而，两国人民之间长期以来的"胞波"情谊并未因此而断绝，相反，缅甸人民在长期的反殖民斗争中得到了中国人民及旅缅华侨的同情和支持。

1937年7月7日，日本军国主义开始了全面侵华战争。1938年8月，在中缅两国人民的共同努力下，滇缅公路正式竣工通车，成为抗战时期中国唯一的陆上国际交通线。缅甸被日本侵占后，众多华侨也参加了缅甸抗日军队或抗日游击队，一些华侨团体还为缅甸的抗日斗争提供了财力和物力上的大力支援，进一步巩固了两国人民之间传统的"胞波"情谊。

（三）新中国成立后的中缅民间交流

1949年10月1日新中国成立后，缅甸民间对于承认新中国的呼声日益高涨。1950年6月8日，缅甸与新中国正式建立外交关系。随后，两国高层互访日益频繁，并于1954年共同确立"和平共处五项原则"，此外还在1960年和平解决了历史遗留下来的中缅边界问题。上述一系列成果极大地推动了两国关系的发展并形成了中缅民间交往的热潮。在陈毅副总理1957年访问缅甸时所赋诗《赠缅甸友人》中，他称赞中缅"彼此情无限，共饮一江水"，反映出当时两国民间浓浓的"胞波"之情。

然而，1962年奈温军政府上台后，缅甸开始实施一系列国有化政策，对缅甸华人华侨的限制与排斥增多,同时开始煽动缅甸民众的仇华情绪,导致华缅隔阂加重。1967年6月,缅甸仰光等地爆发了大规模的反华排华事件。这一事件给当时两国民间关系造成了较为负面的影响。进入20世纪70年代,中缅恢复正常关系,两国民间的各项往来也重新得以进行。1988年,以苏貌为首的缅甸军政府接管政权,出于当时国际环境的考量而在外交上不得不倚重中国。从这一时期开始,中国被不少缅甸民众认为是缅甸军政府的唯一支持者,缅甸民间对中国的态度逐渐发生了消极变化。2011年吴登盛政府上台后,在缅甸国内外多种因素的影响下,其民间反华情绪在密松水电站等事件中一度愈演愈烈,而中缅"胞波"情谊的民众基础则逐渐衰弱。

针对中缅民间日益疏远的局面,近年来两国政府已重新意识到民间交流的重要性,特别是中方积极搭建平台推动经贸、教育、医疗卫生、宗教等各领域的民间交流,已取得了一定成效。2013~2014年,中国与缅甸已分别举办两届中缅民间交流圆桌会,加强了两国非政府组织、工商界、媒体、智库等各界人士的对话交流。此外,"感知中国·缅甸行"等由中方在缅举办的一些人文交流活动,积极引导缅甸民众能够更多、更为全面地了解中国,促进两国"民心相通"的实现,在增进人民间"胞波"情谊的同时,也极大地提升了中国在缅的国家形象。缅甸华人华侨作为中缅民间交流的纽带作用也日益显现,中缅"胞波"传统友谊仍然得以维系。

二、2015~2016年中缅各领域民间交流

(一)民间教育往来

当前中缅民间教育交流主要包括两国高校学术交流、师生互派、职业教育合作以及教育发展研讨等方面,其中以中国西南地区与缅北相关院校、教育机构的交往最为密切。此外,一些中国企业也开始参与到中缅民间教育合作中来。

2015年1月15日,北京外国语大学与仰光大学、仰光外国语大学签署合作谅解备忘录,推进两国大学校际合作与交流。根据合作备忘录,中缅两国上述两所大学将在学生和教师交流、学术研究及图书馆资料信息等领域开展交流与合

作。① 6 月 30 日，云南民族大学与曼德勒外国语大学签署了合作备忘录。同年 10 月 14 日，缅甸曼德勒福庆孔子课堂开课，这是汉语教学首次进入缅甸综合性大学。11 月，中缅两国合作举办中缅建交 65 周年教育文化交流学术研讨会，对如何切实高效地促进两国教育事业的发展进行了深度的讨论，并交换了两国在该领域的成功经验。

2015 年 8 月中国—东盟职业教育博览会期间，中国—缅甸友好协会分别与中国教育国际交流协会、中国—东盟中心签署了共同组织策划的"中缅职教留学生合作项目"、"捐赠职教设备项目"两大职业教育合作项目的协议。根据协议，中方职教院校将计划招收 200 名缅甸学生来华留学，同时浙江亚龙集团也将捐赠总价值 100 万元的职教设备。

2015 年 11 月 21 日，为促进中缅学者间及教育、文化领域的交流与合作，中缅建交 65 周年教育文化交流研讨会在曼德勒举行，来自曼德勒大学、曼德勒外国语大学、MBA 校友会、中国社会科学院、四川大学缅甸研究中心、云南民族大学、云南大学民族研究院边疆学所、云南大学缅甸研究中心等缅中两国高等院校的专家学者以及曼德勒各华侨华团代表、缅北各区域华校代表等 200 余人参加了此次会议，成为两国民间有史以来首次开展的教育界大规模交流研讨活动。

2016 年 11 月 8 日，洪亮大使在中国驻缅大使馆发放"中缅友好奖学金"。

（二）民间宗教交流

缅甸是东南亚传统的佛教国家，加强中缅民间的佛教交流有着特殊的意义。总体来看，当前两国的民间佛教交流包括佛教文化艺术交流、高僧互访以及云南与缅甸的南传佛教交流等方面。其中，与缅甸颇有渊源的北京灵光寺、广济寺在两国民间宗教交流中发挥了重要作用，而云南瑞丽也逐渐成为中缅南传佛教交流的中心。

2015 年 4 月，"中缅佛教艺术交流展"在缅甸仰光大金塔隆重举行。此次展览向缅甸人民呈现了 25 幅北京灵光寺佛教建筑艺术和对外友好交流的珍贵历史

---

① 中缅两国著名大学签署合作备忘录［EB/OL］. 新华网，http://news.xinhuanet.com/world/2015 - 01/14/c_ 1113996990. htm, 2015 - 01 - 14.

照片、28 幅法海壁画图片、近 20 幅敦煌壁画图片和由中缅友好协会捐赠给仰光大金塔的敦煌壁画临摹作品《大涅槃图》。此外,还有 40 幅由缅甸摄影家协会提供的缅甸佛寺图片。

2015 年 7 月 1 日,缅甸—中国友好协会会长、现任缅甸总统顾问吴盛温昂携缅中友协 7 位领导及委员拜访了有着 1200 多年历史的佛教古刹北京灵光寺,参拜释迦牟尼佛牙舍利,并受到灵光寺方丈常藏法师的热情接待。此外,中国著名书画僧、河北省佛教协会副会长延参法师也向缅中友协捐赠 10 万元,用于支持两国民间友好交流活动。

2015 年 11 月 10 日,"2015 中缅边境地区南传佛教文化交流会"在云南省瑞丽市召开,有来自缅甸木姐、南坎、景栋、莱卡等地区的高僧参加了此次会议并作交流发言。同年 12 月 26 日,中国佛教协会会长学诚法师、副会长演觉法师在北京广济寺会见来访的缅甸国家僧侣委员会主席库玛拉毕万萨长老一行,并就两国佛教交往展开交流。

(三)民间对缅援助

中国民间对缅援助一直是两国"胞波"情谊最主要的体现之一,相关社会组织与个人对缅甸的无私帮助很大程度上拉近了两国民间的距离,其中也涌现出了粟秀玉等毕生致力于中缅友好事业的人士,而"中缅友谊泉"等项目也反映出当前中国民间对缅援助的新思路。

2015 年 7 ~ 9 月,缅甸发生该国 40 年以来最大的洪灾。为此,中国相关民间组织团体、企业及个人积极捐款捐物,帮助缅甸民众渡过难关。洪灾发生后,中国红十字会及时与缅甸红十字会联系,委托中国驻缅大使洪亮将捐款转交该会主席吴达拉瑞教授。同时,云南昆明国际物流与金融学会救灾代表团赴缅捐赠价值约 6 亿缅元的救灾物资,并作为中国民间组织首次参加了缅甸最高等级的赈灾祈福活动。在缅中资企业也加入到援缅抗灾的行列中,如中信集团组成赈灾工作组赴灾情较为严重的若开邦慰问民众,并捐赠了 30 万美元的物资,中电投云南国际伊江公司向缅甸灾区捐款 5000 万缅元。此外,中国最大的民间救援机构——蓝天救援队奔赴缅甸若开邦参加洪灾救援,受到了缅甸前总统吴登盛的赞赏。

2016 年 1 月 27 日,中国缅甸语言专家、北京外国语大学退休教授粟秀玉在缅甸仰光通过"粟秀玉教授基金"向家境贫困的缅甸学生捐赠大学助学金。在捐赠仪式上，粟秀玉教授向来自缅甸 14 个省邦的 107 名学生，每人捐赠 30 万缅元（约合 250 美元）助学金，总额 3210 万缅元（约合 2.68 万美元）。粟秀玉为中国缅甸语界的泰斗人物，一直致力于中缅友好事业，这是她第三次向缅甸贫困学生捐助助学金。[①]

由中缅友协和缅中友协共同发起的"中缅友谊泉"项目则是两国民间合作的另一个典范，它是一项旨在切实解决缅甸部分地区缺乏农业灌溉和民众生活用水问题的公益项目。截至 2016 年 6 月，该项目已在缅甸 9 个村庄落地，惠及了超过 8000 名缅甸村民。该项目的实施也得到了缅甸社会各界的广泛支持，当地一些党派、非政府组织人士也加入到了项目的选址与维护中。

（四）其他民间交流

除教育、宗教以及对缅援助等领域的民间交流外，2015～2016 年，两国还围绕中缅建交 65 周年以及"胞波"友谊等一系列主题开展了其他民间交流活动。其中，中国驻缅使馆、中缅友好协会以及云南瑞丽等中缅边境城市发挥了重要作用。

2015 年是中缅建交 65 周年，两国民间也因此开展了丰富多彩的人文交流活动。2015 年 6～7 月，中国—缅甸友好协会在北京陆续举办了纪念中缅两国建交 65 周年的系列活动。6 月 30 日，"本生花开——中国民间艺术表演晚会"在北京举行，中国艺术家为中缅嘉宾表演了太极拳、京剧、魔术、杂技、舞蹈、川剧变脸和乐器演奏等节目；7 月 1 日，"川流永不息 彼此共甘美——中缅民间优秀艺术作品交流展"在北京开幕，展览共分为四部分，分别为缅甸摄影图片展、中缅优秀艺术作品展、中缅服饰展和中缅青少年绘画展，充分展示了中缅两国文化的多姿多彩和民间的友好往来。

2015 年 10 月 2～7 日，第十五届中缅胞波狂欢节在云南省瑞丽市举行，期间先后举行了中缅民族风情大巡游、牛车彩车评选、中缅文化体育竞技、中缅青年歌手大赛、中缅少儿才艺大赛、中缅万人绿叶宴以及国际商品展等多项活动，进一步深化了中缅边境的民间交流。2016 年 6 月 8 日，缅甸华人社团和中国驻缅甸

---

① 中国退休教授捐助百名缅甸贫困生上大学［EB/OL］. 新华网，http：//news. xinhuanet. com/2016 - 01/28/c_ 1117924249. htm, 2016 - 01 - 28.

大使馆在仰光举办"缅中胞波友谊日"招待会，并正式宣布了设立"中缅胞波友谊基金"、"中缅友好奖学金"以及医院援建与"光明行"计划，从各个领域推进中缅民间友好事业，加深两国人民的"胞波"情谊。

三、当前中国对缅民间交流的不足之处

（一）中缅民间交流规模小、层次低

从当前中缅民间交流的总体情况来看，尽管近年来各类交流活动有逐渐增多的趋势，但相较于缅甸与其他东盟国家、美国、欧盟以及日韩的民间交流，中缅民间交流仍然规模偏小、层次偏低，难以广泛、深入地影响到缅甸基层民众，一些交流活动也流于形式。以中缅教育交流为例，在当前两国高校合作日益频繁的背景下，中缅每年双向留学生规模仍不及中国与新加坡、泰国、马来西亚等其他东盟国家的规模，而目前国内高校中开设缅甸语专业的较少，而缅甸国内大学的汉语系主要在仰光外国语大学等几所学校开设。此外，一些中国高校与缅甸相关院校的合作并不深入，签署的合作协议与备忘录并没有很强的针对性。与此不同的是，很多西方国家的高校和智库已与仰光大学等缅甸知名学府合建了一批研究机构，同时英国的办学体制至今仍深深地影响着缅甸的教育系统。除教育合作外，其他中缅民间交流领域也存在类似问题，其背后反映出相关部门与单位对中缅民间交流的重要性仍然认识不足。

（二）中国对缅援助未深入缅甸基层

长期以来，中国一直在对缅甸实施各领域的援助，缅甸不少场馆、道路、飞机场等大型工程均为中方支援建设，不少中国企业与援外人员为缅甸国家社会经济发展做出了突出贡献。然而，过去中国对缅援助相对忽视了与缅甸民众日常生活密切相关的中小项目，而这些项目恰恰是缅甸民众受益最多的领域。事实上，当前缅甸不少民生项目的实施都离不开民间非政府组织（NGO）人士的身影，但目前中国民间组织在缅活跃度与西方非政府组织相比相差甚远，特别是像中缅友好协会等常年致力于中缅民间交流的组织较少，同时部分援助人员深入缅甸农村的次数远远不够，援助活动持续时间短，对活动本身的宣传力度也不够。许多缅甸民众并不知道一些公益活动是由中国发起的，如接受云南"光明行"医疗队免费做白内障手术的缅甸患者并不知晓他们所获的援助来自中国。与此相比，目

前在缅甸有数百个具备西方国家背景的非政府组织保持着与当地民众的互动，其援助范围涵盖科技、教育、文化、医疗卫生以及妇女儿童权益保护等领域，这些组织经常通过新闻记者会以及发布报告与外界舆论交流，具有很强的亲和力。①

（三）部分中资企业引发缅甸民众不满情绪

中国是缅甸重要的外资来源国，中缅经贸往来的频繁使不少中资企业进入缅甸。这些中资企业是中缅友好合作与交流的纽带，也是缅甸民众认识中国的一扇窗口。在缅中资企业推动了缅甸发展，也实施了多项惠民工程，但在一些方面仍然遭到了当地民众的批评。首先，许多中资企业涉及的行业集中在能源、矿产类，缅甸一些非政府组织与私营媒体以此在缅甸民众当中渲染中资企业"掠夺自然资源、破坏生态环境"。其次，个别中资企业过去在缅甸从获得项目到运作实施等一系列过程的对外信息发布不足，导致被缅甸民众认为信息不够透明，而部分缅甸媒体更是揣测中资"暗箱操作"、"贿赂官员"等。最后，许多中资企业尽管也在积极履行各种社会责任，但相关宣传公关工作没有跟上，缅甸媒体也不太会主动进行报道，因而缅甸民众很少能了解到众多公益活动是由中资企业赞助的。除此之外，也有中资企业因不熟悉缅甸文化习俗而在无意中招致当地民众的不满，特别是涉及宗教的诸多事宜更应该谨慎对待。

（四）中缅民间相互存在误解与不信任

2011年吴登盛政府上台后，缅甸国内政治势力呈现多元化发展态势，各方基于自身利益与立场开展博弈，拉拢各自媒体、非政府组织、团体领袖进行舆论攻势。在此情形下，由于近年来缅甸社会兴起的反华情绪逐步蔓延，许多缅甸民众开始对中国产生误解与不信任感。如一些缅甸民众认为是中国在背后支持缅北武装以对抗缅甸中央政府，又如缅甸反华媒体作家觉吉在曼德勒散播"德佑（华人）吞噬论"，企图挑起缅族人与当地华人华侨的族群对立。在缅甸国内外反华势力的挑唆下，目前许多对华负面认知在缅甸民众当中仍有一定市场。另外，中国国内对缅的不满情绪也在增加，特别是2015年缅甸军机侵入云南事件一度点燃了众多中国网民的愤怒情绪。此外，由于缅甸目前仍为东南亚发展较落后的国家之一，不少中国国内民众对缅甸及缅甸人的了解程度有限，在许多人心

---

① 翟崑，宋清润．忧喜参半的中缅民间交流［J］．世界知识，2015（11）：20－22.

中"贫穷"、"毒品"、"战乱"仍是缅甸的代名词，这也使得中国国内民众对缅甸存在诸多负面认知。总体来看，中缅民众相互之间均存在一定程度的误解与不信任，给两国民间友好关系的维系制造了不小的障碍。

四、新时期中缅民间交流展望

（一）民间交流在中缅关系中的重要性大幅提升

在缅甸军政府时期，两国政府以及执政党间的往来基本决定了中缅关系的总基调。吴登盛政府上台后，缅甸进入民主化转型阶段，除执政党外的一些政治势力开始对中缅关系大局产生影响。如今，缅甸已进入民盟主政的新时代，而曾长期耕耘于民间的缅甸民盟也必定会在对外关系中更多地考虑民众的感受。尽管缅甸民盟执政以来，昂山素季以及缅甸新政府对华保持了友好、务实的态势，但缅甸民间依然存在一些反华的呼声，使新时期中缅关系埋下了隐患。在这种情形下，中方也在逐步调整对缅外交的思路，将过去单一的政府外交转变为政府外交、政党外交、民间外交与公共外交并重。近年来，中缅两国各类民间交流活动日益频繁，合作方式日益多样化，交往对象也日益广泛。习近平总书记曾指出，"国之交在于民相亲"，加强中缅民间交流也是落实"亲诚惠容"周边外交理念的应有之义。因此，今后民间交流在中缅关系中的重要性将继续大幅提升，培养"胞波"情谊将是未来两国往来中的一个重要主题。

（二）中方将加强与缅私营媒体以及各类社会人士的接触

吴登盛政府上台后，缅甸解除了对私营媒体的限制，同时对于民间社团组织的活动也逐步放宽，这使得一些社会媒体以及意见领袖开始对缅甸民众的认知观念产生更为显著的影响，同时也反过来对缅甸政府的内政外交施加压力。近年来缅甸新闻媒体行业发展迅速，特别是社交媒体已成为缅甸民众获取新闻资讯的首要途径，一些对中国并不十分了解的媒体记者或社会人士片面地搜集关于中国或在缅中资企业的负面信息并传递给普通缅甸民众，导致缅甸民众对华的好感下降。事实上，中国在这些年已经开始重视与缅甸媒体界进行沟通与交流，两国媒体人士互访活动日益频繁，特别是中方已多次邀请缅甸新闻媒体代表团访华，今后这一趋势将进一步延续下去以推动缅甸媒体更好、更全面地认识中国，从而使缅甸民众能够客观地认知中国。此外，缅甸是东南亚传统的佛教国家，一些佛教领袖在缅甸社会依然拥有巨大的影响力，而中国也有着深厚的佛教文化传统，两国佛教往来日益密切，在今后中缅民间交往中也将发挥更加重要的作用。

（三）缅甸民间将有更多有识之士参与到中缅友好事业中来

中缅关系的持续健康发展不仅关乎中国的周边外交战略格局，也符合缅甸自身的国家利益。当前缅甸民间产生的对华负面认知与部分反华情绪不仅对中方不利，同时对缅甸自身也存在危害。昂山素季在2013年赴莱比塘铜矿调查后就曾向缅甸民众指出，如果随意停止外资项目，缅甸将在国际上丧失信誉，不利于吸引外资。当前，已有一些缅甸有识之士开始注意到缅甸民间对华负面认知的危害性，正致力于促进两国民间的"胞波"情谊。如缅中友好协会等组织作为中缅民间友好的中坚力量，在协助中资企业与缅甸民众沟通、正面宣传中国形象、消除缅甸民间对华误解以及组织缅甸各界人士开展对华交流活动等方面均发挥了重要作用。如缅中友好协会在2015年7月曾组织缅甸青年赴中国参加"第三届中国—东盟青年文化交流节"活动。缅甸民盟新政府上台后，显现出对华务实友好的姿态，这也将对缅甸社会各界产生良好的导向作用，从而带动一批民间有识之士参与到中缅友好事业中来。在两国民间有识之士的共同努力下，未来中缅友好大局以及中缅两国人民的"胞波"情谊将继续得以维系。

参考文献

〔1〕贺圣达，李晨阳．缅甸〔M〕．北京：社会科学文献出版社，2009：147－153．

〔2〕汤先营．缅甸启动修宪程序〔N〕．光明日报，2013－08－06．

〔3〕汤先营．审议修宪，缅甸政治舞台开演"大戏"〔N〕．光明日报，2014－01－03．

〔4〕宋清润．2010年缅甸大选对国家政治转型的影响〔J〕．中国国际战略评论，2011：218－219．

〔5〕钟梅，秦羽．缅甸：2015年回顾与2016年展望〔J〕．东南亚纵横，2016（1）：19－21．

〔6〕缅甸2015年大选 族群政治何去何从？〔J〕．南洋资料译丛，2016（1）：40－44．

〔7〕宋清润．缅甸大选后政局评估与中缅关系前瞻〔J〕．和平与发展，2016（1）：84－86．

〔8〕缅甸历史性大选紧张 等待开票选民希望"改变国家"〔N〕．环球时报，2015－11－09．

〔9〕美国注视缅甸的目光转向"后投票时期"〔N〕．中国青年报，2015－11－11．

〔10〕美国将向缅甸大选提供1800万美元资金援助 7家外国驻缅使馆发联合声明称愿为大选提供帮助〔N〕．缅甸"金凤凰"（中文报），2015－03－12．

〔11〕缅甸反腐任重道远〔N〕．缅甸"金凤凰"（中文报），2016－02－19．

［12］胜选后昂山素季动作频频　邀各国使馆负责人会面　让民盟议员别做部长梦［N］．缅甸"金凤凰"（中文报），2015－11－17.

［13］熊丽英.2015年缅甸大选及大选后的政治、社会、经济发展［J］．东南亚研究，2016（1）：25－26.

［14］宋清润.全球化背景下的东南亚民主转型——以泰国、缅甸和新加坡为例［J］．东南亚研究，2016（8）．

［15］钟佳译.全国民主联盟党章与施政纲领［J］．南洋资料译丛，2016（1）：26.

［16］中国国家禁毒委员会.2015年中国毒品形势报告［R］．

［17］廖勤.放松对缅制裁，美为何还"留一手"［N］．解放日报，2016－05－19.

［18］毕世鸿.缅甸民选政府上台后日缅关系的发展［J］．印度洋经济体研究，2014（3）：20－32，157.

［19］范宏伟，刘晓民.日本在缅甸的平衡外交：特点与困境［J］．当代亚太，2011（2）：126－146.

［20］贺圣达，李晨阳.缅甸［M］．北京：社会科学文献出版社，2005：372.

［21］陈力丹.缅甸新闻业的历史与面临的制度变化［J］．新闻界，2012（12）：70－73.

［22］刘智玮.缅甸私营报纸：蹒跚起步的新宠儿［J］．中国—东盟博览，2014（1）：30－35.

［23］林锡星.缅甸华人与当地民族关系研究［J］．东南亚研究，2002（2）：28－35.

［24］鲜丽霞，李祖清.缅甸华人语言研究［M］．成都：四川大学出版社，2013：120.

［25］李晨阳.对昂山素季访华的解读［J］．世界知识，2015（13）：26－27.

［26］孙韵.中缅关系：全国民主联盟当政是新时代标志吗？［N］．亚洲时报，2015－12－10.

［27］刘务．缅甸政治发展对中缅关系的影响［J］．印度洋经济体研究，2015（2）：20－33.

［28］卢光盛，黄德凯．如何在缅甸大选之后维护中缅经济合作的势头[J]．世界知识，2016（3）：26－27.

［29］翟崑，宋清润．忧喜参半的中缅民间交流［J］．世界知识，2015（11）：20－22.

［30］廖亚辉．独立以来缅甸政治转型问题研究［M］．北京：中国社会科学出版社，2016.

［31］卢光盛．缅甸政治经济转型对中国在缅投资的影响与对策研究［M］．北京：社会科学文献出版社，2016.

［32］杨六金，张海珍．缅甸尖头阿卡人文化调查研究［M］．北京：民族出版社，2016.

后　记

　　《缅甸国情报告（2015～2016）》为广西大学中国—东盟研究院缅甸研究所研究团队及国内同行领域的相关专家学者共同撰写。围绕缅甸2015～2016年的国情概况和热点问题进行动态跟踪和研究，对缅甸政治转型、经济走向和社会发展趋势、安全问题和外交事务现状、与东盟及中国的区域合作状况进行年度评估，对中缅关系发展提出具有前瞻性和针对性的政策建议，为社会和有关部门提供关于缅甸的全面而准确的资讯，并在促进中缅关系发展、推动区域合作等方面为政治决策提供理论支持。

　　2016年缅甸政治发生较大的变革，缅甸研究所成员除了做日常基础的舆情日报、舆情周报等数据收集外，还利用假期赴缅进行实地调研，与政府、企业和民间等相关部门人员进行了大量的访谈，力求获取真实的第一手资料。同时，不定期地参加学术研讨会与同行专家交流学术成果。特别是，我们利用参会之际向云南大学缅甸研究院李晨阳教授、卢光盛教授等权威专家虚心请教，在此表示衷心的感谢！同时，对本书提供案例分析和观点分享的解放军国际关系学院成汉平教授、广西社科院雷小华博士等专家学者们表示由衷的感谢！

　　本书内容共八章，各章研究和撰写人员为：第一章：胡李裔；第二章：蓝襄云、廖亚辉；第三章：甘若谷；第四章：魏继洲；第五章：雷小华；第六章、第七章：黄爱莲；第八章：甘若谷、俞渊。本书稿由蓝襄云、张杰、黄娴静、李雪麟等分工校对。广西大学商学院罗平雨、高仁权等研究生参与收集资料和整理问卷。由于参与本书撰写的部分成员为年轻学者，希望我们奉献的这本国情报告能经得起同行专家的审视，路漫漫其修远兮，不忘初心，继续努力，恳请各位读者批评指正！

广西大学中国—东盟研究院缅甸研究所

2017 年 6 月